作文指导报 编

学语文，就要靠积累！

这才是孩子爱看的大语文

文化篇

北京理工大学出版社
BEIJING INSTITUTE OF TECHNOLOGY PRESS

版权专有　侵权必究

图书在版编目（CIP）数据

这才是孩子爱看的大语文. 文化篇 / 作文指导报编
. —北京：北京理工大学出版社，2022.9
　　ISBN 978-7-5763-1435-9

　　Ⅰ.①这…　Ⅱ.①作…　Ⅲ.①阅读课 – 小学 – 教学参考资料 Ⅳ.①G624.203

中国版本图书馆CIP数据核字（2022）第110498号

出版发行 / 北京理工大学出版社有限责任公司
社　　　址 / 北京市海淀区中关村南大街5号
邮　　　编 / 100081
电　　　话 / （010）68914775（总编室）
　　　　　　（010）82562903（教材售后服务热线）
　　　　　　（010）68944723（其他图书服务热线）
网　　　址 / http://www.bitpress.com.cn
经　　　销 / 全国各地新华书店
印　　　刷 / 雅迪云印（天津）科技有限公司
开　　　本 / 710毫米×1000毫米　1/16
印　　　张 / 9　　　　　　　　　　　　　责任编辑 / 时京京
字　　　数 / 100千字　　　　　　　　　　文案编辑 / 时京京
版　　　次 / 2022年9月第1版　2022年9月第1次印刷　责任校对 / 刘亚男
定　　　价 / 198.00元（全6册）　　　　　　责任印制 / 施胜娟

图书出现印装质量问题，请拨打售后服务热线，本社负责调换

前言 Preface

丁丁的大语文奇妙游

丁丁是实验小学的一名小学生,他从小热爱阅读,知道很多同龄人不知道的知识,所以同学们都喜欢叫他"小博士"。可是,正当丁丁为此欣喜之时,现实却给了他当头一棒。这是为什么呢?

原来,新学期开始后,丁丁发现:随着年级的升高,语文学习的范围迅速扩大了,有复杂难辨的汉字、不明来历的词语、难懂的古文和诗词,还有种类逐渐增多的作文……他常常对着书本上密密麻麻的汉字发呆:"最早的汉字是从什么时候开始的?古代小学生的课本长啥样?古人没有手机、电脑,他们最早的通信工具是什么,又是怎么传递消息的呢?……"

这些稀奇古怪的想法,就像一只只小蚂蚁一样,在丁丁的头脑中爬呀爬,搅得他寝食难安。丁丁积累的知识开始不够用了,当同学们再来向他请教时,他开始支支吾吾,不能自信地说出答案了。

"吾生也有涯,而知也无涯。"丁丁内心里非常焦虑,想着想着,不由得叹了一口气,"唉,再这样下去,'小博士'的名号可就保不住了。这可该怎么办呢?"

于是,经过深思熟虑,丁丁将自己的烦恼写进信里,寄给了《作文指导报》的编辑姐姐。很快，编辑姐姐的回信就到了。在信中，编辑姐姐指出，语文学习重在熏陶渐染，贵在日积月累，不可能一口吃成个胖子，所以千万不能急功近利。

针对丁丁提到的语文学习难点，编辑姐姐给出了自己的建议：小学语文的学习重点集中在汉字、词语、古文、诗词、文化、写作等几个方面，这些内容看似相通，实际上学起来颇有技巧。比如，学习汉字和词语时，多探寻它们的起源，可以记得更准确；学习诗词时，多了解作者的写作背景，对理解和记忆大有帮助；写作遇到困难时，发现自己的具体问题，才能对症下药……

在信的末尾，编辑姐姐强调，语文学习并不局限于课堂和书本，它来自生活，每时每刻都与我们相伴，只要有一双善于发现的眼睛，生活中处处是课堂。同时，编辑姐姐为丁丁策划了一场说走就走的大语文奇妙游，来帮助他解决在阅读和学习中遇到的问题。

读完信后，丁丁像吃了定心丸一样，一边继续如饥似渴地阅读，积累语文知识；一边在生活和学习中处处留心，凡事都要多问几个为什么。看到丁丁这副不达目的誓不罢休的气势，身边的亲朋好友也被他感染了，纷纷向他伸出了援手。

小朋友，你想知道丁丁会经历一场什么样的奇妙游吗？快快打开本书，让我们一起出发，去见证奇迹吧！

目录 CONTENTS

第一章 节日民俗里看文化

01 贴春联
——"春联"原来叫"桃符"？/002

02 除夕
——为什么要除掉"夕"？/004

03 守岁
——除夕夜为什么不让睡觉？/006

04 压岁钱
——为什么要给压岁钱？/009

05 元宵节
——猜猜，元宵是谁？/011

06 插茱萸
——重阳节为什么要插茱萸？/013

07 腊八粥
——腊八节为何要煮粥？/015

08 长寿面
——面条为什么象征长寿？/017

09 嫁妆
——嫁妆是给男方还是女方？/019

10 抓周
——抓周到底抓的是什么？/021

这才是孩子爱看的大语文 文化篇

第二章 服饰装扮里看文化

11 乌纱帽
—— 乌纱帽都是用黑纱做成的吗？/024

12 石榴裙
—— 石榴也可以做裙子吗？/026

13 吊坠
—— 吊坠最早是棕子做成的？/028

14 耳环
—— 男女都可以佩戴耳环吗？/030

15 梳子
—— 梳子是由鱼刺演变来的吗？/032

16 镜子
—— 镜子原来不叫"镜子"吗？/034

17 戴高帽
—— 戴高帽是指戴上一顶高高的帽子吗？/036

18 翡翠
—— 翡翠原来指的是一种鸟吗？/038

19 胭脂
—— "胭脂"之名从何而来？/041

20 深衣
—— "深衣"是颜色很深的衣服吗？/043

第三章 餐饮美食里看文化

21 叫花鸡
—— 叫花鸡也叫富贵鸡吗？ /046

22 四喜丸子
—— 丸子也有喜怒哀乐吗？ /048

23 吃醋
—— 毒药怎么变成浓醋了？ /050

24 佛跳墙
—— 僧人翻墙要干什么？ /052

25 女儿红
—— 女儿红是小姑娘的脸红了吗？ /055

26 东坡肉
—— 苏东坡还当过厨师吗？ /057

27 馒头
—— 馒头的原名叫"蛮头"？ /059

28 五粮液
—— 五粮液是由五种粮食酿成的吗？ /061

29 茶叶
—— 茶叶原本是解毒的药？ /063

30 饺子
—— 饺子的祖师爷是谁？ /065

这才是孩子爱看的大语文
文化篇

第四章 琴棋书画里看文化

31 毛笔
—— 毛笔是用什么毛做成的？/068

32 墨汁
—— 墨汁是乌贼释放的汁液吗？/071

33 宣纸
—— 宣纸真的能够千年不朽吗？/073

34 砚台
—— 砚台为什么能磨出墨汁呢？/075

35 古筝
—— 古是古代的一种兵器？/077

36 围棋
—— 围棋是把对方围起来就赢了吗？/079

37 汉乐府
—— 汉乐府是专门负责写诗歌的衙门吗？/081

38 曲高和寡
—— 调高的曲子没人唱得上去？/083

39 脸谱
—— "脸谱"是在脸上谱曲吗？/085

40 余音绕梁
—— 什么声音这么神奇？/087

004

第五章 民谚俗语里看文化

41 不管三七二十一
—— 不管三七二十一是一道计算题吗？/090

42 一不做，二不休
—— 一不做，二不休，到底是做还是休？/092

43 三天三夜说不完
—— 什么事情要说三天三夜？/094

44 丁是丁，卯是卯
—— 丁和卯分别是什么？/096

45 破天荒
—— 破天荒是谁破了天荒？/098

46 三句不离本行
—— 三句不离本行是犯职业病了吗？/100

47 一问三不知
—— 一问三不知是指不知道哪三个问题？/102

48 家有一老，如有一宝
—— 人为什么老了就变成宝？/104

49 两国交兵，不斩来使
—— 交战时，斩了来使又会怎么样？/106

50 挂羊头卖狗肉
—— 卖狗肉的为什么要挂羊头？/109

第六章 民间技艺里看文化

51 皮影戏
—— 皮影戏是现代电影的始祖吗？/112

52 口技
—— 口技最早来自鸡叫吗？/115

53 双簧
—— 双簧只能由姓黄的人来表演吗？/118

54 筷子
—— 筷子是古代的查毒神器吗？/120

55 舞龙
—— 舞龙是会跳舞的龙吗？/122

56 剪纸
—— 最早的剪纸竟是撕出来的？/124

57 七巧板
—— 七巧板是来自中国的拼图吗？/127

58 风筝
—— 风筝是世界上最早的飞行器吗？/129

59 青花瓷
—— 明明是蓝花为何叫"青花瓷"？/131

60 孔明灯
—— 人们放孔明灯是为了祈福吗？/133

第一章

节日民俗里看文化

丁丁有话说

中华文化源远流长，孕育出了丰富多彩的民俗文化。比如，除夕放鞭炮，"春联"原来叫"桃符"，腊八节要喝腊八粥……这些节日习俗你都了解吗？让我们跟随古人的脚步一起去寻找答案吧！

01 贴春联
——"春联"原来叫"桃符"？

趣味文化故事

正月初一清晨，丁丁指着门框上的春联问爸爸："贴春联的习俗是怎么来的呢？"

于是，爸爸给丁丁讲了"贴春联"的由来。

春联的前身被称作"桃符"（周朝悬挂在大门两旁的长方形桃木板）。古时候，人们用暗红色的桃木做成长方形的木板，上面画着传说中能制伏恶鬼的神郁垒（lǜ）和神荼（shēn shū）的像，然后把桃木板钉在大门两侧，用以驱邪避害，这就是"桃符"。

贴春联的习俗起于何时，没有准确的资料可以查证。不过，据史籍记载，五代后蜀国的孟昶（chǎng）最早在桃符上题写联语，所以贴春联的习俗源于孟昶这一说法被大多数人所接受。

五代十国时期，后蜀的末代君主叫孟昶，他好学能文，颇有文采。

有一年除夕，皇宫里的殿门上依照旧例都挂上了桃符。可是，孟昶觉得桃符上面的内容有些单调，便找来当时的翰林学士辛寅逊，让

第一章 节日民俗里看文化

他在桃符上题两句吉利的话,以便挂在自己寝宫门上。

辛寅逊写完后,孟昶不太满意,便亲自提笔书写了十个字:"新年纳余庆,嘉节号长春。"这就是有记载的最早的春联。这副对联的意思人们通常认为是:新年享受着先代的遗泽,佳节预示着春意常在。

这两句话短小精练、对仗工整、吉利喜庆,而且将"新春佳节"四个字巧妙地纳入其中,孟昶写完后,身边的大臣都拍手称好。不久,这副对联流传到了民间。

自此以后,人们纷纷效仿,在桃符上写对联,还把新年称为"新春佳节"。宋朝时,桃符由桃木板变为纸张,叫"春贴纸"。不过,"春联"一词的出现,则是在明朝初年。

故事讲完了,丁丁的心里乐开了花:"新年新气象,第一天我就收获了一个有趣的文化故事!"

丁丁陪你一起学

春联是将中国文学和中国民俗相结合的产物,除了红色外,还有白、绿、黄三种颜色。最初,因为桃木是红色的,所以人们后来就用红纸代替桃木,而且红色是喜庆的颜色,红色的对联象征除旧纳新、吉祥如意。

但是,如果家中有老人过世,晚辈家里一般三年都不贴红春联,而是依次用白、绿、黄三种颜色的春联代替,直到第四年才开始贴红春联,意在用这种方式来表达对已故长辈的追思之情。所以,这三种颜色的对联也俗称孝联或丁忧联。

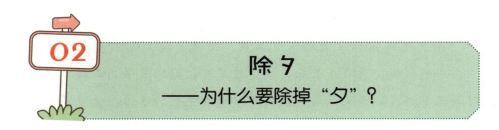

除夕
——为什么要除掉"夕"？

趣 味 文 化 故 事

除夕晚上，一家人围坐在一起，一边享用丰盛的年夜饭，一边收看春晚节目。

丁丁问爸爸："今天为什么叫'除夕'？是不喜欢夕阳，想要除掉吗？"

爸爸说："在民间传说中，'夕'是一只凶猛的怪兽，'除夕'这个词的由来就和它有关。"

据说，夕相貌狰狞、体形庞大，平时它会藏在深山里。但到了农历腊月最后一天，它就会跑到山下的村庄里兴风作浪，咬食牲畜，村民们也常常被它咬伤。大家想了很多办法对付夕兽，但是都不奏效。于是，每到腊月最后一天，人们就只好逃到其他地方躲避夕兽。

有一年，夕兽又闯进村子，发现一个人也没有，它十分生气，咆哮着准备离开。路过村东头的时候，它发现有一户人家的灯还亮着，原来一位老婆婆还没有离开。夕兽浑身一抖，怪叫着朝亮光处冲去。快到门口时，它猛然发现门上贴着的大红色的纸，吓得往后退了几步。这时，院子内突然传来一阵噼里啪啦的炸响声，等到声音消失后,老婆婆探头一看,夕兽早已吓得落荒而逃。人们这才发现,夕兽最怕的是红色、火光和炸响声。

从此,每到农历腊月最后一天,村民们再也不用躲出去了。他们在家门口贴上红纸写的对联,并燃放爆竹,夕兽就不敢再来侵犯了。后来,人们就把这一天叫作除夕,贴对联和放鞭炮的习俗也随之流传了下来。

丁丁听完,陷入了无尽的想象中,说:"如果现在还有夕兽就好了,我应该可以在动物园看看它的模样!"

爸爸笑着说:"只要人们过年的习俗一直流传,夕兽就不会现身吧!"

丁丁陪你一起学

除夕是我国重大的传统节日之一,它是农历腊月的最后一天,通常被称为大年三十。除夕的习俗有很多,除了贴对联和放鞭炮,还有下面这些:

吃年夜饭:除夕夜是一家人团圆的日子,家家户户都会准备好丰盛的晚餐,大家围坐在一起庆祝新年的到来。

发压岁钱:压岁钱是长辈发给晚辈的,它代表着长辈们对孩子的祝福和期许。

贴福字:有些人家干脆将"福"字倒过来贴,寓意福气已到。

挂灯笼:灯笼象征着团圆和喜庆,人们在除夕这天挂上大红的灯笼来营造节日的氛围。

03 守岁
——除夕夜为什么不让睡觉？

趣味文化故事

除夕夜，爸爸对丁丁说："今年有没有成功守岁的信心？"

丁丁拍了拍胸脯，说："有！这次我一定要成功！不过，爸爸，为什么今天熬夜叫'守岁'，为什么会有守岁这种传统习俗呢？"

爸爸说："'守岁'里的'岁'字在这里不是表示年龄，而是'年'的意思。守岁就是'辞旧岁，迎新年'。在除夕夜，家家户户都会点亮灯火，男女老少整夜不睡，准备迎接新年的到来。这个传统习俗背后，有一个有趣的民间传说。"

很久以前，天神希望天下百姓能够生活富足，所以会在一年中的最后一天把天门打开，人们只要在这天晚上把捡到的石头放在屋里，这些石头就能变成金子。但有一个条件，就是不能有贪婪之心，第二天天亮才能开门。

李家庄有兄弟二人，哥哥爱财如

命，是一个吝啬鬼；而弟弟诚恳勤劳，心地善良。这年除夕，夜幕降临，哥哥十分心急，心想："我得想个点子，多得一些金子。"于是，他提前搬了一大堆石头放在自家门前，等着"黄金时刻"的来临。而弟弟用干活的箩筐捡了一些石头，背进屋子，关上了房门。

三更时分，天门打开了，哥哥使出浑身力气，把所有石头都搬进屋里。不一会儿，石头真的变成了金银珠宝，堆满了屋子。哥哥得意极了，可是他还不知足，心想："外面还有很多石头，我要是再捡一些回来，我的金子就更多了！"于是，天还没亮，他就打开家门，急匆匆地出门捡石头去了。结果等他再回到屋里的时候，金银财宝全都变回了石头。而弟弟等到天亮才打开门，他捡回的小石头变成了金子。

不久之后，天神发现人间贪婪的人越来越多，一气之下，他就把天门永远关闭了。不过，人们在除夕夜不睡觉的习惯却保留了下来，称为"守岁"，表达了人们对幸福生活的期许。

听了这个故事，丁丁一点困意都没有了。他说："这个哥哥太贪心了，不满足的话，可以等明年的除夕再捡更多的石头，为什么要执着于这一次呢？"

爸爸说:"不要小瞧人性的贪婪,这种人永远不会满足。"

丁丁陪你一起练

请完成下面这个"守"字开始,"岁"字结束的成语接龙。

守□□兔□□悲□□人□□灵□□药□□除□□良□□日□□长□□岁

参考答案

守株待兔——兔死狐悲——悲天悯人——人杰地灵——灵丹妙药——药到病除——除暴安良——良辰吉日——日久天长——长命百岁

压岁钱
——为什么要给压岁钱？

趣味文化故事

大年三十，吃过年夜饭，丁丁数着爸爸妈妈给的压岁钱，高兴得合不拢嘴。

妈妈说："根据习俗，压岁钱要放到枕头底下。"

丁丁好奇地问："这是为什么？"

于是，妈妈给丁丁讲了一个关于压岁钱的故事。

有一个成语叫鬼鬼祟祟，形容一个人行动偷偷摸摸，或者心怀鬼胎。"鬼"字好理解，"祟"字是什么意思呢？

"祟"其实是指鬼怪或鬼怪害人。据说，古时候有一种身黑手白的小妖，名字就叫作"祟"，它会在每年除夕夜跑出来害人，而且专门伤害孩子。孩子睡着以后，祟就会用手摸他们的头，孩子先是哇哇大哭起来，接着开始发高烧。等烧退去，原本聪明伶俐的孩子都变成了痴呆疯癫的傻子。

有一对夫妻老来得子，把儿子视为掌上明珠。有一年除夕夜，他们非常怕祟来伤害自己的孩子，所以就不让孩子睡觉。

孩子无事可做，只好拿出铜钱和红纸玩。他用红纸包住铜钱，包了又拆，拆了又包……最后实在太困了，就睡着了。他用红纸包着的铜钱就留在了床头。

这时，祟来到这个孩子的床边，刚准备伸手摸他，一道白光突然劈来，祟吓得赶紧收回手，尖叫着逃跑了。

据说，这些铜钱是天上的神仙变的，专门来保护孩子免受祟的伤害。于是，人们就把这些用红纸包着的铜钱叫作"压祟钱"，意思是可以镇压邪祟。而"祟"与"岁"同音，"压祟钱"就逐渐演变为"压岁钱"了。

丁丁听完故事，说："一个孩子想要健康长大可真不容易！"

丁丁陪你一起学

关于压岁钱的传说有很多种。

一种说法是，压岁钱的前身是洗儿钱。我国有一种习俗，婴儿出生三天后要洗净全身，称为"洗三"，寓意是祝福婴儿一生平安健康。

还有一种说法是，压岁钱也叫压胜钱。宋元时期，压胜钱是民间一种用作讨吉利或辟邪的古钱币，并非流通货币。每到除夕夜，长辈们就将这种压胜钱用红纸包好，在孩子熟睡时，悄悄放到他们的枕下，用以驱邪避害、保佑平安。

第一章 节日民俗里看文化

元宵节
——猜猜，元宵是谁？

元宵节这天，丁丁有滋有味地品尝着碗里的元宵。爸爸突然抛了一个问题给他："你猜，元宵是谁？"

丁丁说："难道元宵也是古代的一种怪兽？"

爸爸哈哈大笑，说："在这个节日的起源故事里，'元宵'是一个女孩的名字。"

相传，元宵是汉武帝宫里的一名侍女，自从她进宫后，再也没见过自己的亲人。这一年春节，她愈发想念自己的父母，仍不能回家，心里难过到绝望。

这时，东方朔正好路过，他了解了事情的缘由后，十分同情元宵，就答应帮她和亲人团聚。

东方朔假扮成道士，出宫给人占卜。前来占卜的人都求到了同样的签，上面写着："正月十六火焚身。"大家非常恐慌，纷纷向他询问消灾的办法。东方朔对他们说："你们拿着这张帖子去见当今天子，让他想办法。"说完，他留下一张红帖就离开了。

汉武帝看到了人们带来的红帖，上面写着："长安在劫，火焚帝阙，十五天火，焰红宵夜。"意思是长安城有劫难，会遭大火。他大吃一惊，急忙叫来东方朔商量办法。

东方朔趁此机会向汉武帝提议说："不如正月十五的晚上让百姓出来走动，在城中张灯结彩，燃放烟火。这样从天上看就好似满城大火，如此一来便可瞒天过海，避免灾祸。"汉武帝觉得这是个好主意，就下令让百姓照做。到了正月十五晚上，长安城灯火通明，街上人流熙攘，元宵的亲人也进了城，趁此机会和元宵相见。

到了第二天，长安城平安无事，汉武帝大喜，下令每年的正月十五都这样过。后来，人们为了纪念这个因元宵而起的节日，就把这一天称作"元宵节"。

丁丁听完故事，心落回了肚子里，他说："我真担心汉武帝发现真相后，会惩罚东方朔和元宵呢！"

爸爸说："东方朔诙谐机敏，汉武帝也有爱才之心，即使知道真相，汉武帝也不至于给东方朔定罪。"

丁丁陪你一起练

除了吃元宵，猜灯谜也是元宵节的一大特色。下面这些灯谜你能猜出几个呢？

1. 上下难分（打一字）＿＿＿＿＿
2. 七十二小时（打一字）＿＿＿＿＿
3. 笑死人（打一成语）＿＿＿＿＿
4. 黄昏（打一地名）＿＿＿＿＿

参考答案：1. 卡 2. 晶 3. 乐极生悲 4. 洛阳

第一章 节日民俗里看文化

插茱萸
——重阳节为什么要插茱萸？

重阳节这天，丁丁说："'遥知兄弟登高处，遍插茱萸少一人'，讲的就是重阳节登高、插茱萸的习俗。它们的来历是什么呢？"

于是，爸爸给丁丁讲了一个关于重阳节来历的传说。

相传，东汉时豫州汝南郡（今属河南）有一个会传播瘟疫的妖魔，很多人因此丧命，可谁也没办法制服它。当时，村子里有一个叫桓景的年轻人，父母都因这个妖魔而丧命了，连他自己也染上了瘟疫。幸运的是，他身强力壮，不久便康复了。

于是，桓景决心拜师学艺，除掉这个妖魔。他访遍天下名士，终于找到了一位法力无边的仙人。仙人被桓景勇敢无畏的精神所打动，决定收他为徒，教他降妖除魔的本领，还赠他一把青龙宝剑。之后，桓景不分昼夜地勤学苦练，终于练出一身非凡的武艺。

一天，仙人对桓景说："明天是九月初九，妖魔又要出来作恶了。现在，你的本领已经学成，可以回去除害了。"说完，仙人交给他一壶菊花酒和一包茱萸叶，并传授给他使用的方法。

桓景拜别仙人后，快马加鞭地赶回家乡，按照仙人的指点，在九月初九的早晨，将乡亲们带领到高山上，并给每人分一片茱

萸叶和一杯菊花酒。中午时,妖魔果然现身,但一闻到菊花酒和茱萸的味道后,马上就不会动弹了。桓景趁机拿起宝剑杀死了妖魔。

从此,农历九月初九登高插茱萸的习俗便流传了下来,一是为了辟邪驱祟,二是为了纪念桓景为民除害的事迹。

丁丁问:"茱萸叶和菊花酒真的有这么神奇吗?"

爸爸说:"这两种东西的确对身体有益。茱萸香味浓,有驱虫去湿、逐风邪的作用,并能消积食,治寒热。明代医学家李时珍认为菊花有'治头风、明耳目、去痿痹、治百病'的功效。"

丁丁陪你一起练

下面都是关于重阳节的诗词名句,请你把它们补充完整吧!

1. 待到_____,还来就菊花。(唐·孟浩然《过故人庄》)

2. _____望乡台,他席他乡送客杯。(唐·王勃《蜀中九日》)

参考答案

1. 重阳日 2. 九月九日

腊八粥
——腊八节为何要煮粥？

趣味文化故事

腊八节这天，丁丁迫不及待地回到家中，准备享用妈妈的腊八节大餐。

妈妈做的腊八粥香甜可口，丁丁喝了一碗，还想要第二碗。他忍不住说："是谁发明的腊八粥？真是太好喝了！我真想天天喝腊八粥！"

妈妈听到后，笑着给丁丁讲述了两个关于腊八粥来源的传说。

在我国民间，人们习惯上把农历十二月称为腊月，把十二月初八称为"腊八节"。这天，我国大江南北都有喝腊八粥的习俗。关于腊八粥来源的传说很多，其中流传最广的是以下两个故事。

第一个故事讲到，以前有一对善良、勤快的老夫妇，整日辛勤劳作，家境虽不富裕，但吃穿不愁，还常接济别人。可是，他们的儿子却懒得出奇。老两口去世后，懒儿子坐吃山空，经常断炊。邻居们看在老人的面上，不时接济他一些粮食。

有一年腊月初八这天，滴水成冰，懒儿子饿得实在受不了了，就把残余的一点儿五谷杂粮找出来，准备熬成粥糊糊。第二天早上，等邻居发现时他已经死了。谁也说不清楚，他究竟是被冻死的，还是被饿死的。后来，每到腊月初八这天，当地人就用五谷杂粮熬一锅粥，再把懒儿子的故事讲给子女听，教育他们要勤俭持家。

第二个故事则与南宋抗金名将岳飞有关。据说，当年岳飞率领岳家军抗金于朱仙镇时，正值隆冬季节，将士们衣食不济、饥寒交迫。沿途的百姓纷纷把各家送来的饭菜倒在大锅里，熬煮成"千家粥"让将士们充饥御寒。这天正是腊月初八，将士们饱餐之后，大胜而归。

后来，岳飞以莫须有的罪名在风波亭遇害。人们为了纪念他，每逢腊月初八，便用五谷杂粮等煮成粥，以示对忠臣岳飞的怀念。现在，在河南等地，腊八粥又称"千家粥""大家饭"或"百家饭"，成为一种节日食俗，广为流传。

丁丁感叹道："看似简单的一碗粥，背后原来还有这样的故事。"

丁丁陪你一起学

腊八节的习俗中，除了喝腊八粥，其实还有很多，比如泡腊八蒜。相传，以前的商铺都习惯在腊月初八这一天清理旧账，把一年的盈亏情况计算清楚，所以债主们就会在这一天上门要账，人们称之为"腊八算"。催债的人通常不好意思直接向别人要钱，就会拿着腌制好的蒜登门拜访，因为"蒜"和"算"同音，欠债的人一看见蒜，就知道来人是什么意思了。

长寿面
——面条为什么象征长寿?

趣味文化故事

爸爸的生日到了,丁丁原以为可以吃到奶油蛋糕。谁知,回到家里,只见妈妈从厨房端了一碗面条放在爸爸面前。

丁丁惊讶地问妈妈:"难道您忘记了爸爸的生日?"

妈妈笑着说:"这碗面可不是一般的面。"说着,她给丁丁讲了长寿面的来历。

有一次,汉武帝过生日,御厨为他做了一碗面条。汉武帝一看,心生不悦,心想:"我贵为天子,过生日怎么能只吃一碗面条呢?"汉武帝把脸拉得老长,御厨吓得脸色铁青,不知如何是好。

汉武帝身边有个智多星,叫东方朔。东方朔说话风趣诙谐,头脑敏捷,机灵多智,常在汉武帝面前谈笑取乐。他见汉武帝不高兴,又同情厨师的处境,灵机一动,就对汉武帝作了个揖,高声说:"恭喜万岁,贺喜万岁!"

汉武帝问道:"有什么可喜的?"

东方朔笑着说:"皇上,上古时期的彭祖活到了八百岁,据说他之所以能长寿,是因为他的脸很长。您看这碗里的面,比彭祖的脸长多了,御厨之所以做一碗面条为您贺寿,是要祝您将来比彭祖还长寿啊！"

汉武帝听了哈哈大笑，立刻转怒为喜，端起面条就吃了起来。因为东方朔的这番话，从此面条就成了长寿的象征，官员们过生日时也会吃面条庆祝。后来，这种做法也在民间流行起来，并逐渐成为一种世代相传的习俗。

丁丁笑着说："真有趣，下次我过生日也要吃长寿面！"

自古以来，长寿就是人们美好的心愿，古人还赋予一些物品长寿的意义，来表达对亲朋好友的美好祝福。你能说说下面这些象征长寿的事物分别有什么吗？

1. 象征长寿的数字：_____
2. 象征长寿的植物：_____
3. 象征长寿的水果：_____
4. 象征长寿的动物：_____

1. 九。 2. 松树、柏树。 3. 寿桃。 4. 龟、鹤。

嫁妆
——嫁妆是给男方还是女方？

妈妈带丁丁去参加朋友的婚礼。进了会场，丁丁四处张望，问："妈妈，嫁妆在哪里？"

妈妈笑着说："嫁妆怎么会出现在典礼现场呢？都在新婚夫妇的新家里呢！"随后，解释道，"嫁妆在古时候被称作'妆奁'，原本指女子梳妆打扮时所用的镜匣，后泛指女子出嫁时带到男方家的钱财、物品。这种习俗已经流传了千百年，相传是从唐朝文成公主出嫁时开始兴起的。"

唐太宗贞观年间，吐蕃王朝的赞普（吐蕃君长的称号）松赞干布派遣使臣来到长安，提出要娶一位唐朝公主，遭到唐太宗的拒绝。之后，松赞干布率吐蕃大军攻击唐朝的松州（今四川松潘），以武力请婚，再次遭到唐太宗拒绝。于是，松赞干布派遣心腹禄东赞带着黄金珍宝，再次来到长安，向唐太宗谢罪请婚。唐太宗被松赞干布的诚意感动，答应选一位公主嫁给他。

可是，唐太宗当时没有适龄的女儿可以出嫁，便从宗室里遴选了一位女子，册封为文成公主，下嫁给松赞干布。唐太宗按照大臣魏徵的建议，把文成公主身边使唤的丫鬟、仆役，以及她平时常用的起居用品、琴棋书画等，一齐陪嫁到吐蕃。

贞观十五年（641年），唐太宗派遣礼部尚书李道宗率领亲兵，带着丰厚的嫁妆，护送文成公主前往吐蕃。文成公主一行从长安出发，经过长途跋涉，到达黄河河源附近的柏海（今青海扎陵湖、鄂陵湖），与松赞干布迎亲的队伍相会，然后与松赞干布一起返回逻些（今拉萨）。

文成公主与松赞干布成亲后，成为吐蕃王朝的王后，为促进汉藏文化的交流，增进汉藏两族人民的关系，作出了历史性的贡献。此后，唐太宗嫁女陪嫁妆物品的礼节传到了民间，逐渐成为一种礼俗，一直流传至今。

丁丁说："没想到，文成公主和松赞干布的婚礼有这样深远的影响，值得铭记。"

丁丁陪你一起学

吐蕃王朝成立于618年，是西藏历史上第一个有明确史料记载的政权，是由古代藏族在青藏高原建立的政权，自囊日论赞至朗达玛延续两百多年。第33任赞普松赞干布在位20余年，统一青藏高原各部，建立了吐蕃王朝，被认为是吐蕃王朝的实际立国之君。

842年，吐蕃王朝崩溃，分裂成许多蕃族部落。宋朝、元朝和明朝初年的汉文史籍仍泛称青藏高原及当地人民为"吐蕃"或"西蕃"；清朝康熙年间，改称"吐蕃"为"西藏"至今。自元朝以后，中央政权始终对西藏行使着有效管辖。

第一章 节日民俗里看文化

抓周
——抓周到底抓的是什么？

趣 味 文 化 故 事

这天，爸爸和妈妈聊起亲戚家的孩子。妈妈说："当初，这孩子抓周时抓了一把锁，家里人都高兴，说他子承父业，也要做工程师。长大后他果真做了工程师。"

丁丁惊讶得张大了嘴巴："抓周有这么神奇吗？谁发明的？"

妈妈说："神奇倒不一定。不过，说到这个习俗的起源，和三国时期的孙权有关。"

三国时期，孙权建立吴国，成为开国皇帝，并立儿子孙登为太子，希望将来由他继承皇位。没过多久，孙登不幸因病去世，孙权只能从其他儿子中再选立一个太子。可是，这几个儿子能力相当，他实在不知道该选哪一个好。

一个叫景养的人听说了这件事，就给孙权献了一计。

他告诉孙权，选太子不能只看皇子的能力，还要看皇子的孩子——皇孙们的品德才学，这样才能放心地把太子之位交给皇子。可是，皇孙们太小，没有办法看出其性情和品行，只能想办法提前测试一下。

景养让孙权准备一个盘子，里面放上不同种类的物品，有金银珠宝、美食、玩具、简册和绶带等，让皇孙们随意抓取，谁主动拿了简册和绶带，就说明谁有治国之才。孙权觉得这是个好办法。最终，孙和的儿子孙皓抓到了简册和绶带。孙权十分高兴，认为把皇位交给孙和比较保险，就决定立孙和为太子。后来，吴国虽然发生了一些政坛动荡，但抓到简册和绶带的孙皓最终还是当上了皇帝。

而孙权采用的这种办法就叫作"抓周"。现在，人们也会在孩子满周岁时用这种仪式来庆祝。

丁丁听完，问妈妈："我抓周时抓了什么呢？"

妈妈笑着说："钢笔！看你现在爱读书、爱学习的模样，抓周还真的挺神奇呢！"

丁丁陪你一起学

简册：是中国古代用来书写的材料，多用竹片或木制作。若干简编连起来就成为册。

绶带：一种彩色的丝带，用来系官印或勋章。有的绶带斜挂在肩上，象征着某种身份。

第二章

服饰装扮里看文化

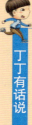

丁丁有话说

常言道："人靠衣装，佛靠金装。"在现实生活中，绚丽多彩的服饰不仅体现了人们对美的追求，而且还是一种重要的文化符号。比如，乌纱帽、石榴裙、吊坠……不同的服饰装扮代表着不同的社会文化。

11 乌纱帽
——乌纱帽都是用黑纱做成的吗?

丁丁和妈妈在沙发上看古装电视剧,里面有位皇帝正斥责一位犯错的大臣,说:"下次再犯,小心你头顶的乌纱帽!"

丁丁问:"乌纱帽都是黑色的吗?"

妈妈说:"乌纱帽是古代官员戴的一种帽子。其实,最早的乌纱帽并非都是黑色的,而是根据官职大小有着黑白之分。"

早在东晋时,凡是在皇宫做事的人,都会戴一种用黑纱做的帽子,称为"乌纱"。当时,贵族戴的纱帽是用白纱制成的。到了南北朝时,刘休仁用乌纱抽扎头巾,把头巾的四角结为四脚,用桐木片做"山子"衬在乌纱里面,首创了"乌纱帽"。隋唐、宋元时期,乌纱帽才在民间流传开来,成为民间百姓常戴的一种便帽。为了区别身份,隋文帝规定用乌纱帽上玉饰的多少区别官职高低。

北宋初年,有人对包裹头发的纱罗软巾进行了改造,制成了一种新式的纱帽。宋太祖赵匡胤看到后非常中意,要求朝中的大臣都戴这种帽子。

相传,为了防止大臣们在朝堂上交头接耳,宋太祖决定在乌纱帽上做点文章。于是,他下令修改乌纱帽的样式:在乌纱帽的左右两侧各加一根长约一尺的软翅。这样一来，上朝时，只要大臣们的脑袋一动，乌纱帽两侧的软翅就上下颤动，坐在高处的皇帝就会看得一清二楚。

到了明朝，开国皇帝朱元璋规定，文武百官上朝和办公时，一律要戴乌纱帽，穿圆领衫，束腰带。从此，乌纱帽正式成为官员身份的标志。

清朝时，官员们戴的乌纱帽变成了红缨帽，人们仍习惯性地用乌纱帽作为官职的代名词。"丢了乌纱帽"就意味着被削职为平民了，这种说法一直沿用至今。

"原来，服饰装扮的背后也藏着这么有趣的故事！"丁丁感叹道，决心以后要多多关注这些传统文化。

丁丁陪你一起学

宋朝时，官员们为了保护乌纱帽上的软翅，都养成了小心翼翼走路的习惯。据史书记载，北宋名相寇准，有一次微服私访时，在路上遇到一位老人。老人对寇准十分恭敬。寇准好奇地问："我又不是官员，你为什么对我如此恭敬？"老人笑着说："您不用瞒我啦！您虽然没有穿官服，但刚才过巷子时小心翼翼，生怕碰到帽子，说明您是戴惯了乌纱帽的人呐！"寇准听后恍然大悟。

12 石榴裙
——石榴也可以做裙子吗?

趣 味 文 化 故 事

丁丁陪妈妈逛街,妈妈看中了一条色彩鲜艳的石榴裙。丁丁问:"这条裙子的颜色是用石榴染上去的吗?不然怎么叫石榴裙?"

于是,妈妈便给丁丁解释了石榴裙的由来。

石榴裙是一种服饰款式,在唐朝时深受年轻女子的青睐。因为它色如石榴之红,且不染其他颜色,往往使穿上它的女子显得明艳动人,所以被称为"石榴裙"。

唐玄宗李隆基晚年不理朝政,沉迷享乐,尤其对杨贵妃(即杨玉环)宠爱有加。相传,杨贵妃非常喜爱石榴花,特别爱穿绣满石榴花的彩裙。唐玄宗为了投其所好,博取杨贵妃的欢心,便命人在华清池、西绣岭、王母祠等地广泛栽种石榴,供杨贵妃观赏。

每当石榴花盛开的时候,唐玄宗便在石榴花丛中设宴,与杨贵妃一同饮酒。因为石榴有醒酒的功效,所以杨贵妃喝醉后,唐玄宗常常亲自剥石榴给杨贵妃醒酒。朝中大臣对此颇有微词,觉得杨贵妃是红颜祸水,十分厌恶她,对她拒不使礼。杨贵妃对此十分不满。

一天,唐玄宗设宴邀请大臣共饮,让杨贵妃弹琴助兴。可是,杨贵妃在弹奏时故意将琴弦弄断,中断了弹奏。唐玄宗见了,急忙问她是什么原因。杨贵妃乘机对唐玄宗说,因为在场听曲的臣子对她不恭敬,连掌管乐曲的神仙都看不下去了,所以弄断了她的琴弦。

唐玄宗深知杨贵妃精晓音律,所以对她的话深信不疑,于是便立刻下旨,命令所有文官武将今后见到杨贵妃都要跪拜,否则以欺君之罪严惩。从此以后,大臣们只要见到杨贵妃身着石榴裙走来,都诚惶诚恐地跪拜。所以,大臣们私下都以"拜倒在石榴裙下"自嘲,后来这句话常用来比喻男子对女子的倾心迷恋。

丁丁打趣道:"妈妈你穿了这件衣服,爸爸肯定也会拜倒在你的石榴裙下啦!"

丁丁陪你一起学

杨玉环与西施、王昭君、貂蝉被人们合称为"中国古代四大美女",享有"沉鱼落雁之容,闭月羞花之貌"的美誉。其中,"沉鱼",讲的是西施浣纱的故事;"落雁",指的是昭君出塞的故事;"闭月",说的是貂蝉拜月的故事;"羞花",谈的是杨玉环醉酒观花的故事。

13 吊坠
——吊坠最早是粽子做成的？

趣味文化故事

外婆有一条金色的吊坠，戴了几十年了，十分珍贵。

丁丁看到了，羡慕地说："我也可以戴吊坠吗？"

外婆说："当然可以啦！最早的吊坠就是专门给小孩子带的。"说着，她给丁丁讲了一个关于吊坠的传说。

中国有很多关于吊坠的传说，其中最广为流传的说法是为了纪念伟大的爱国诗人屈原。相传，最早的吊坠是粽子做成的。

屈原是战国时期楚国人，博闻强识，志向远大，忧国忧民，早年深得楚怀王信任。后来，由于他的政治主张损害了一些贵族的利益，加上政敌的挑拨离间，楚怀王渐渐疏远他，把他流放到了外地。屈原无法施展自己的政治抱负，在农历五月初五这天，投入汨（mì）罗江自尽了。

屈原投江自尽的消息传开后，楚国人民悲痛万分，他们沿着江边不断呼喊屈原的名字，希望能找到屈原。可是，三天过去了，他们眼前除了滔滔的江水，什么也没有。于是，人们纷纷祈求河神，还把蒸好的糯米、

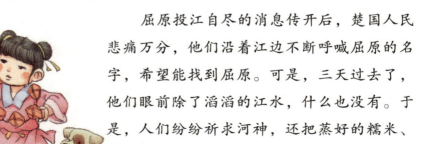

肉、红枣等用叶子裹起来，投入江中，让鱼虾们食用，以防它们伤害屈原。这就是粽子的由来。

人们对屈原的爱戴终于感动了河神，河神让江水倒流，把屈原的尸体送到了岸边。

此后，人们为了感谢河神，也为了纪念屈原，便在每年农历五月初五这天做一些粽子投入江中。那些离江边较远的人，则把蒸好的粽子用绳子串起来，挂在孩子的脖子上，以纪念屈原。

后来，人们发现时间一久，粽子会发霉变质，就缝制了一些粽子形状的小袋子，用它代替粽子挂在孩子的脖子上。后来，这种小袋子演变成各式各样的小饰物流传下来，最终变成了今天的吊坠。

丁丁笑着说："戴着粽子做的吊坠，饿了还可以填饱肚子，真是一箭双雕啊！"

丁丁陪你一起学

汨罗江是洞庭湖的水系河流之一，在今湖南省东北部。汨罗江全长250千米，流域面积达4 053平方千米，为南洞庭湖滨湖区最大的河流。每逢农历五月初五，汨罗江畔的百姓总要举行盛大的龙舟竞赛活动，以纪念伟大的爱国主义诗人屈原。

14 耳环
——男女都可以佩戴耳环吗？

丁丁很喜欢妈妈的首饰盒，看着那些亮晶晶的饰品，像看到新玩具一样新奇。只是，对耳环，丁丁很是不解，问："打耳洞该有多疼啊！是谁想出戴耳环的？"

妈妈说："根据史书记载，我国妇女早在两千多年以前就已经开始佩戴耳环了。关于佩戴耳环的由来，有很多种说法。"

有一种说法认为，佩戴耳环与古老的迷信有关。古人相信魔鬼总想侵占人体，因此对身体上所有的孔窍必须特别守护。耳环就是耳朵的守护神，可以起到辟邪的作用。

另外，还有一种流传比较广泛的说法认为，耳环最初是用于治病而出现的。这里面还有一个有趣的故事呢。

相传，有一位姑娘，因为得

了眼疾而双目失明了。后来，她有幸遇到一位神医，神医认为她的双眼可以复明。神医征得姑娘的同意后，拿起银针在她两侧的耳垂上各刺了一针。不久，她果然重见光明了。

姑娘非常感谢神医，就请银匠制作了一副银耳环戴在耳垂上，以示永不忘记神医的恩德。当姑娘戴上银耳环后，显得秀美俊俏、妩媚动人。此事传开之后，许多富人家的姑娘和妇女纷纷开始佩戴耳环，并一直流传至今。

丁丁说："因为这位生病的姑娘佩戴耳环后显得格外秀美，其余人才会争相模仿。如果她没有变漂亮，耳环也许就不会兴起了吧！"

丁丁陪你一起练

下面的诗词名句中都提到了耳环，请你把它们补充完整吧！

1. 腰若流纨素，耳著_____。（汉乐府《孔雀东南飞》）

2. 头上倭堕髻，耳中_____。（汉乐府《陌上桑》）

3. 何以致区区？耳中_____。（东汉·繁钦《定情诗》）

1. 明月珰 2. 明月珠 3. 双明珠

15 梳 子
——梳子是由鱼刺演变来的吗？

这天，丁丁从外面玩耍回来，妈妈见他的头发乱作一团，递给他一把梳子让他梳理整齐。

丁丁乖乖地梳了头，问妈妈："梳子的发明者是谁？梳子出现以前，人们怎么整理头发？"

于是，妈妈给丁丁讲述了梳子的由来。

相传，梳子的发明者是黄帝的次妃方雷氏。

方雷氏是一位非常聪明、细心的女子，黄帝后宫的女子们都由她掌管。由于当时没有梳子，大家平时都是蓬头垢面的，每逢重大节日，方雷氏就用手指把每个人的头发捋顺，导致手指经常被捋破。

有一年，黄河流域发了洪水，黄帝手下有一个叫狄货的人，从洪水中捕到十几条大鱼带回了部落。方雷氏率领众人把大鱼烧熟后，分给大家一起食用。大家吃完之后，地上堆了很多鱼骨。

第二章 服饰装扮里看文化

方雷氏发现这些鱼骨很好看,就随手捡起一节,不自觉地梳理起自己的头发,不大一会儿,蓬乱的头发竟然被梳理得整整齐齐。于是,方雷氏把这些鱼骨收集起来,给后宫的女子们每人发了一节,并教她们如何用鱼骨梳理头发。

于是,大家动手用鱼骨梳理起自己的头发。刚开始,有的人把鱼骨折断了,有的人被鱼骨扎到了头皮。没过多久,她们就掌握了梳理的技巧,把自己的头发梳理得整整齐齐的。

后来,方雷氏受鱼骨的启发,让木匠做了一个木质的类似鱼骨的东西。可是,这个东西像耕种用的耙子一样大,怎么能用来梳理头发呢?

木匠按照方雷氏的要求,重新做了一个小的。方雷氏试着梳了一下头发,果然非常好用。

梳子就此诞生了。

丁丁说:"我还是老实用梳子吧!用鱼骨梳头真是有点危险呢!"

丁丁陪你一起学

据出土的文物证实,中国最早的梳子出现在距今约6 000年前的新石器时代。梳篦的产地以江苏常州最为著名。正如江南谚语说的那样:"扬州胭脂苏州花,常州梳篦第一家。"常州梳篦的制作技艺形成于魏晋时期,由于历史悠久,选料制作精细,素有"宫梳名篦"之称,并于2008年被列入国家级非物质文化遗产名录。

16 镜子
——镜子原来不叫"镜子"吗？

商场里，丁丁发现每家服装店都有镜子，就问妈妈："现在的镜子基本都是玻璃做的，那古代也有镜子吗？是什么样的？是谁发明了镜子？"

妈妈说："古代也有镜子，而且还是姑娘出嫁时必备的嫁妆之一呢！北朝民歌《木兰诗》中有一句'当窗理云鬓，对镜贴花黄'，讲述的就是古代女子对着镜子梳妆打扮的情景。"说着，给丁丁讲述了"镜子"的由来。

有趣的是，宋朝时的"镜子"不允许叫"镜子"，而要叫作"照子"。这是为什么呢？原来，宋太祖赵匡胤的爷爷叫赵敬，人们为了避讳他名字中的"敬"字，就把"镜子"中的"镜"改为"照"或"鉴"，统一将铜镜称为"照子"或"铜鉴"。

相传，中国最早发明镜子的人，是黄帝的妃子嫫（mó）母。她虽相貌极丑，但品行贤德，所以深得黄帝信任。由于当时没有镜子，人们都是用水面作为镜子，站在河边梳妆打扮。嫫母知道自己面貌丑陋，很少去河边梳妆打扮。

有一次，嫫母上山采挖石板时，发现石头堆中有一块石片，

在阳光下被照得亮闪闪的。她捡起来一看，石片上竟然模糊地照出了自己的容貌。于是，她找来一块磨石，把石片放在上面反复打磨，最终磨成一块光滑平整的石片，这就是最早的镜子。

丁丁觉得有趣，说："原来，古时候水面是大家的公共镜子。"

妈妈说："后来，随着技术的进步，人们开始铸造不同材质的镜子，制作工艺更加精良，使用范围也更加广泛。"

丁丁陪你一起学

在中国历史上，不仅有家喻户晓的"四大美女"，而且有著名的"四大丑女"。她们分别是黄帝的次妃嫫母、战国时期齐宣王的王后钟离春、东汉贤士梁鸿的妻子孟光、三国魏国官员许允的妻子阮氏。

嫫母虽丑，但为人贤德，黄帝对她十分信任；钟离春虽然貌丑，但饱读诗书、志向远大；梁鸿、孟光夫妇品德高尚，安于劳作；许允丑妻阮氏十分聪慧，夫妻相敬相爱。可见，与容貌相比，一个人的品行才学是最重要的。

17 戴高帽
——戴高帽是指戴上一顶高高的帽子吗？

丁丁问妈妈："帽子是用来抵御风寒、保护头部的，也有装饰的作用。那么，人们常说的'戴高帽'是什么意思？是指戴上一顶高高的帽子吗？"

于是，妈妈给丁丁讲了一个关于"戴高帽"的故事。

从前，有个在京城做官的人，被调去外地任职。临行前，他想："我这一去，不知何时才能回来，要向老师道个别才行。"于是，他买了礼物去拜访老师。

老师对这个学生十分满意，听说他要去外地任职，就告诫他说："去外地做官并不比在京城容易，你到了那里谁都不认识，一定要谨慎行事，和同僚和睦相处，千万别产生矛盾。"

那人听了老师的话，有些得意地说："您放心吧！我早就准备好了一百顶高帽。到了那边之后，逢人就送他一顶，保证不会有意见不合的人。"

老师听了他的话，心里有些生气，用训诫的口吻对他说："我不是告诉过你吗？与人交往要谨记真诚正直的原则，你怎么能有这样的想法呢？"

听到老师这样说,那人一点儿也不紧张,而是笑着对老师行了个礼,说:"像老师您这样不喜欢戴高帽而能抵御阿谀奉承的人,天下能有几个呢?"

老师这才点了点头,对他说:"你这话也不是没有道理。"

那人告别了老师,到家后,对自己的夫人说:"你看,我原本准备了一百顶高帽,现在只剩下九十九顶了!"

听完故事,丁丁乐不可支,说:"看来,这世上没几个人不喜欢听奉承话。"

妈妈总结道:"'戴高帽'一词,就是从这个故事里得来的,用来讽刺那些喜欢听奉承话的人。后来,大家就用'戴高帽'比喻恭维、讨好别人。"

丁丁陪你一起学

在古代,帽子是权力等级的象征。比如,汉朝时,天子戴的是九寸高的"通天冠",太子戴的是七寸高的"远游冠",乐师戴的是"方山冠"。隋朝时,以帽子上玉饰的多寡,区别官职高低。宋朝时,在乌纱帽上装饰不同的纹路,用以区别官位的高低。现在,人们以脱帽表示礼貌,但在古代却是失礼的举动。杜甫在《饮中八仙歌》中说,张旭酒醉后竟"脱帽露顶王公前",虽然意在表现张旭挥毫时的狂放不羁,但也从侧面反映出,他的举动在当时是有失体统的。

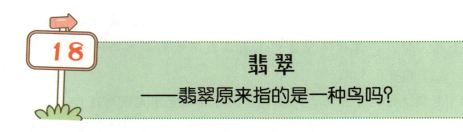

18 翡翠
——翡翠原来指的是一种鸟吗？

趣味文化故事

丁丁问妈妈："'翡翠和翠鸟有什么关系吗？它是不是也是一种鸟？"

妈妈说："翡翠是玉石的一种。玉石一直被人们视为吉祥的象征。自古以来，中国人就有佩戴玉石的习俗，距今已有几千年的历史。在古代，男子往往喜欢在腰间佩戴玉佩，女子则喜欢在头上佩戴玉饰。这是我国古代的一种服饰习俗，也是一种身份地位的象征。"说完，她又给丁丁讲述了翡翠背后的文化故事。

翡翠也称翡翠玉、翠玉、缅甸玉，有"玉石之王"的美誉。与其他玉石品种相比，翡翠的历史并不算长。明朝时，翡翠开始在我国内地流行，人们会给孩子佩戴一些翡翠饰品以祈福保平安；到了清朝，翡翠开始风靡于皇宫，宫中御用的碗筷、盆盂等日用品，以及簪、坠、镯等珠宝佩饰中很多都是翡翠制品。

那么，"翡翠"的名称是如何得来的呢？

有一种说法认为，翡翠是一种生活在南方的鸟。它的羽毛通常有蓝、绿、红、棕几种颜色。红色羽毛的多为雄鸟，称为"翡"；绿色羽毛的多为雌鸟，称为"翠"，所以，人们把这种鸟称为翡翠。清朝时，缅甸玉进入皇宫，受到宫廷后妃的喜爱，这种玉主要有红、绿两种颜色，与翡翠鸟的羽毛颜色非常相似，人们便把这种玉叫作翡翠。

另外，还有一个美丽的传说。相传，在我国云南有一个叫翡翠的姑娘，从小跟着有神医之称的父亲行医治病。当时，缅甸的王子生病了，遍寻名医都没有治好。于是，缅甸王派人请翡翠的父亲为王子治病，翡翠也跟随父亲作为帮手。在翡翠的悉心照料下，王子很快就痊愈了，并与翡翠产生了感情。不久，王子命人下聘，娶翡翠为妻，并封她为王妃。后来，翡翠遭到王子冷落，被发配到边远的山区。翡翠看到这里的百姓经常遭受瘟疫的侵害，就采摘草药为他们治病，深受乡亲们的喜爱。翡翠去世后，人们为了纪念她，就把当地出产的一种玉石命名为翡翠。

丁丁说:"其实,在我眼中,翡翠只是一种颜色特殊的石头。不过,因为人们的喜爱,赋予了它特殊的含义,它才变成了一种珍贵的物品。这大概就是文化的力量吧!"

丁丁陪你一起练

下面都是关于翡翠的诗词名句,请你查阅相关资料,试着把它们补充完整吧!

1. _____明珠帐,鸳鸯白玉堂。(唐·王绩《过汉故城》)

2. 九里楼台牵_____,两行鸳鹭踏真珠。(唐·罗隐《江都》)

3. 蝉响螳螂急,鱼深_____闲。(唐·许浑《溪亭二首(其一)》)

4. 先裁_____装成盖,更点胭脂染透酥。(宋·辛弃疾《鹧鸪天·再赋》)

5. _____屏间,琉璃帘下,彩衣明媚。(宋·伍梅城《醉蓬莱·寿郁梅野》)

参考答案

1. 翡翠 2. 翡翠 3. 翡翠 4. 翡翠 5. 翡翠

胭脂
——"胭脂"之名从何而来？

丁丁问："胭脂是古代女性的常用化妆品。它的颜色一般偏红，呈粉状，古代女性会将它涂抹在面部和嘴唇上。可是我不明白，为什么要称它为胭脂呢？"

妈妈说："据说，胭脂是由古代匈奴人制成的，这个名字的由来也和他们有关。"

西汉初期，我国西北部的匈奴汗国实力强大，屡次骚扰边境。公元前123年，汉朝派卫青前去攻打匈奴，汉军从定襄郡（今内蒙古和林格尔）出兵，与匈奴军队激战。两年之后，汉朝又派骠骑大将军霍去病前去攻打匈奴。霍去病从陇西（今甘肃临洮）发兵，越过焉支山（位于今甘肃境内），长驱直追一千多里，灭匈奴八千多人。同年，霍去病乘胜直追，越过居延海（位于今内蒙古额济纳旗），又追击两千里，灭匈奴三万余人。经过两次大战，匈奴军队元气大伤。

那时，匈奴部落经常传唱这样的歌曲："亡我祁连山，使我牲畜不繁息。失我焉支山，使我妇女无颜色。"焉支山上有一种"红蓝花"，把它放入石钵中反复捶打，淘去黄色的汁水，剩下的就是红色颜料，再经过晾干处理，结而成脂，就可以用于化妆。这种颜料是当时匈奴贵族妇女经常使用的化妆品。焉支山被汉朝的军队占领后，匈奴的妇女就很难得到红色颜料，脸上也变得黯然失色了。

由于这种红色颜料原产于焉支山，所以也被称为"焉支"。"焉支"与"胭脂"同音，经过漫长的历史演变，"胭脂"的称呼渐渐被人们接受了。

公元前139年，汉武帝派遣张骞出使西域，并带回了大量的西域物产，其中就包括胭脂。用胭脂化妆令人面色红润，富有美感，后来胭脂便成为古代女性重要的美容用品。

丁丁说："看来，战争也会带来文化的交流和融合。"

丁丁陪你一起练

胭脂是古代女性的重要化妆品，同时也是一种重要的意象，广泛出现在诗词中。下面是一些带有"胭脂"的诗词，大家来品味一番吧。

1. 林花著雨胭脂湿，水荇牵风翠带长。（唐·杜甫《曲江对雨》）
2. 棠梨叶落胭脂色，荞麦花开白雪香。（宋·王禹偁《村行》）
3. 未容谷雨泪胭脂，且趁晴风小小吹。（宋·李石《扇子诗》）
4. 胭脂井金陵草萋，后庭空玉树花飞。（元·卢挚《双调·蟾宫曲·丽华》）

深衣
——"深衣"是颜色很深的衣服吗？

一天，丁丁问爸爸："深衣是指深颜色的衣服吗？它长什么样子？"

爸爸回答："深衣是一种长袍衣，是我国古代人常穿的服饰。这里的'深'不是指颜色深，而是指'被体深邃'。因为深衣的上衣和下裳相连，有一种浑然天成之感。深衣很长，有时会贴地，以至于身体几乎被藏起来，仿佛神秘不可测，这就是所谓的'深'。"随后，他又给丁丁讲述了深衣背后的故事。

深衣宽松透气，使穿衣之人显得气质出众，比较适合在正式场合穿。汉代以后的官员上朝时一般都穿深衣，很多祭祀礼服也被设计成深衣的样式。在日常生活中穿着深衣，也要矜持端庄，不能随意坐卧。

据说，原壤是春秋时期鲁国人，是孔子的老朋友。但孔子并不喜欢他，在孔子眼里，原壤是个不重礼仪、不懂事理的人。有一次，孔子去原壤家里做客，刚进门就看到原壤穿着深衣，伸开两条腿坐着，这是很不礼貌的行为。孔子生气地说："你小时候不尊敬兄长，长大了没什么出息，老了还做坏榜样，真是个害人精！"说

着,他就用手杖敲打原壤的小腿。

有人发现,在穿深衣的过程中,深衣很容易相互缠在一起,于是便在衣边和袖口上用厚实的锦类织物做了镶边。这样,收纳衣服时,衣服不容易缠起来,非常实用。同时,锦类的织物做工精致,可以起到一定的装饰作用。

由于深衣具有被体深邃、典雅的特质,在当时,上至帝王将相,下至平民百姓都很喜欢穿。

丁丁说:"如果现在也能看到人们穿深衣就好了,增添一分典雅的气质,多好。"

丁丁陪你一起学

既然深衣看起来典雅大气,为什么后来却被一分为二,分成了上衣和裤子呢?这就涉及深衣的缺点以及裤子的诞生史了。在日常生活中,穿深衣走路是没有问题的,但是如果骑马的话,穿深衣就很不方便了。古时候,北方游牧民族首先发明了裤子,后来汉族人也开始穿长裤,初期多用于军旅,后来又传到了民间。

第三章

餐饮美食里看文化

丁丁有话说

俗话说,民以食为天。饮食是一种生活,也是一种文化。中国素有"烹饪王国"的美誉,饮食文化源远流长,每一道美食都有一个自己的故事。比如,叫花鸡、四喜丸子、佛跳墙……它们背后藏着怎样的故事呢?

21 叫花鸡
——叫花鸡也叫富贵鸡吗？

爸爸带丁丁出去吃饭，让丁丁点自己想吃的菜。丁丁看了看菜单，小声地问爸爸："这道'叫花鸡'是叫花子吃的吗？"

爸爸笑着说："其实，'叫花鸡'还有一个名字，叫富贵鸡。"借着等菜的时间，爸爸给丁丁讲述了叫花鸡的由来。

清朝时，在江苏常熟的虞山脚下，有一个乞丐饿了好几天，好不容易在草丛中捉到一只鸡。可是，他既没有锅灶，又没有佐料。无奈之下，他只好把鸡宰掉，取出内脏后，用泥巴把鸡裹起来，放在火堆上烤。

等到烤得泥巴发黄干透时，他把鸡从火中取出，扒掉外面的泥巴，香气扑面而来，鸡肉酥烂肥嫩，味道十分独特。

后来，这种鸡的做法，就在乞丐之间传开了，大家把这道美食称为叫花鸡。

相传，有一次乾隆皇帝去江南微服私访时，不小心和随从走散了，流落到荒野之中。当他筋疲力尽、饥肠辘辘的时候，看到有几个乞丐正围着火堆吃东西。

有一个乞丐看他可怜，以为他也是个流浪汉，就把自己手中

第三章 餐饮美食里看文化

的美食送给他吃。乾隆皇帝吃完后赞不绝口，就问这道美食的名字。乞丐们知道自己被人称作叫花子，不好意思说这是叫花鸡，于是谎称为富贵鸡。

事后，乞丐们才知道，这个流浪汉是乾隆皇帝。从此，叫花鸡因为乾隆皇帝的金口，多了一个富贵鸡的名字。后来，经过很多厨师的加工、改进，叫花鸡逐渐成为一道能够登上大雅之堂的名菜。

丁丁恍然大悟，说："原来乾隆皇帝也做过乞丐，那这道菜有两个截然不同的名字，也就不奇怪了！"

丁丁陪你一起学

在中国传统文化中，人们特别重视鸡这种家禽，不仅把鸡列为十二生肖之一，而且视其为吉祥物。每年的农历正月初一，民间会用红纸剪出鸡的图案，用作窗花，并把这一天定为"鸡日"。

人们还把鸡称为"五德之禽"，赋予它美好的品格：它头上有冠，是文德；足后有距能斗，是武德；敌前敢拼，是勇德；有食物招呼同类，是仁德；守夜不失时，天明报晓，是信德。

22 四喜丸子
——丸子也有喜怒哀乐吗?

趣 味 文 化 故 事

餐桌上，丁丁夹起一个四喜丸子，问爸爸："四喜丸子的'四喜'是哪四喜呢？丸子还能有喜怒哀乐吗？"

爸爸说："四喜丸子是中国经典的传统名菜之一。古时候，人生的四大喜事是指久旱逢甘雨、他乡遇故知、洞房花烛夜、金榜题名时，现在多指人生的福、禄、寿、喜。因此，很多地方在举办喜宴、寿宴时，常把四喜丸子作为宴席中的压轴菜，以取其吉祥之意。相传，'四喜丸子'原来叫'四季丸子'，这个名字的由来与慈禧太后有关。"

1900年，八国联军攻占北京，慈禧太后带着光绪帝仓皇出逃，一直逃到西安。第二年，达成和议，列强撤军，于是慈禧太后准备返回京城。在返程途中，慈禧尝到了许多特色美食。

有一次，当地的官员找来最好的厨师，给慈禧太后献上一道叫作"四季丸子"的菜，说这道菜的寓意是"一年四季圆圆满满、福寿安泰"。慈禧太后吃完后对这道菜十分满意，大加称赞。

可是，"四季丸子"的叫法是怎么变成"四喜丸子"的呢？原来，慈禧等人沿途逃难，如今起身回京，本来是一件丢人的事情,可是他们反而大张旗鼓,大肆铺张浪费,搜刮民脂民膏,闹得民不聊生。

这位厨师便对慈禧心生怨恨,在炸丸子时骂道:"炸死这个祸国殃民的慈禧!"有人接着说:"慈禧心狠手辣,就应叫她完止!"可是,当时平民骂慈禧是杀头的大罪。为了掩人耳目,这位厨师就采用谐音,把"慈禧完止"改名叫"四喜丸子"。

听完爸爸讲的故事,丁丁说:"真没想到,'四喜丸子'这样吉祥的名字最初居然是骂人的话!"

爸爸说:"就这样,四喜丸子作为一道美食被传承下来,走进了寻常百姓家。"

丁丁陪你一起学

中华美食种类繁多,不胜枚举,很多菜肴不仅风味独特,而且菜名有趣。比如,在川渝地区有一道传统特色美食,以粉丝(或者粉条)、肉末为主料,辅以胡萝卜、姜、葱、豆瓣酱等辅料制作而成,因为肉末粘在粉丝上,看起来像蚂蚁在爬树,所以取名"蚂蚁上树"。

23 吃醋
——毒药怎么变成浓醋了？

趣 味 文 化 故 事

一天，丁丁问妈妈："为什么人们总是用'吃醋'来形容嫉妒别人的行为？"

妈妈说："据说，这和唐太宗李世民有关。"说着，她给丁丁讲了一个"毒药变浓醋"的故事。

唐朝名相房玄龄是唐太宗的智囊，经常为唐太宗出谋划策，深得唐太宗的信任。可是，房玄龄的夫人非常爱嫉妒，房玄龄很怕她。

有一次，唐太宗体恤房玄龄，想赐给他美女作为小妾，照顾他的生活。没想到，房玄龄宁肯抗旨，也不敢纳妾。唐太宗大吃一惊，又让皇后去劝说房玄龄的夫人，不出所料，皇后也碰了一鼻子灰。

唐太宗知道，房玄龄与夫人的感情很好，就想考验一下两人的感情是不是真的牢不可破。于是，他佯装大怒，命人取来一杯"毒酒"，对房

夫人说："如果你不再嫉妒，同意丈夫纳妾便罢，否则就饮下这杯毒酒吧！"

没想到房夫人性情刚烈，宁愿一死也肯不低头。她毫不犹豫地端起"毒酒"，含着眼泪一饮而尽。房玄龄来不及阻止，眼睁睁地看着夫人喝下了"毒酒"，伤心地抱着她痛哭起来。过了一会儿，房夫人发现自己没有任何不适，她把杯子拿过来一闻，发现杯子中装的不是毒酒，而是带有酸甜香味的浓醋。

见此情形，唐太宗感叹道："这样的女子连我都害怕，更何况房玄龄呢！"于是，他就不再命房玄龄纳妾了。

丁丁说："将心比心，房夫人和房玄龄感情那么好，被塞一个陌生人进入自己的家庭，谁也不会愿意的。房夫人不惧皇权，勇气可嘉。"

妈妈说："后来，'吃醋'便成了'嫉妒'的同义词，在民间流传开来。"

丁丁陪你一起学

中华饮食文化博大精深，涉及人们生活的方方面面。比如，我们平时常说的一些歇后语，有不少就是由食物引申而来的。

米煮山芋——糊糊涂涂　　马尾拴豆腐——不值一提
茶壶里煮饺子——心里有数　热锅爆米花——活蹦乱跳
肉包子打狗——有去无回　　白糖拌蜜糖——甜上加甜

小朋友，请你想一想，与食物相关的歇后语还有哪些。

24 佛跳墙
——僧人翻墙要干什么？

丁丁听说"佛跳墙"是一道菜名，大吃一惊，他跑去问爸爸："怎么会有这么奇怪的菜名，难道像人参果一样，有什么菜长得像僧人吗？"

爸爸说："闽菜是中国著名的八大菜系之一，'佛跳墙'是其中知名度非常高的传统名肴。据说，这道菜起源于清朝末年。"说着，他为丁丁讲述了"佛跳墙"这个名字的由来。

当时，有一位叫周莲的官员去别人家做客，对方为了巴结他，就让自己的夫人亲自下厨，选用鸡、鸭、羊肉等多种食材，放入绍兴酒坛中煨制成一道菜肴，取名福寿全。周莲吃后，赞不绝口。

回家后，周莲对这道菜始终念念不忘，就让府衙里的厨师郑春发做给他吃。可是，郑春发做出来的始终不如当初那个味道。于是，周莲就带着郑春发去向那位夫人求教。经过点拨，郑春发很快掌握了这道菜的烹饪技巧。

郑春发又精心研究，对原有食材加以改进，让福寿全变得荤而不腻，味中有味。后来，郑春发离开府衙，自己开了一家菜馆，

名叫聚春园,福寿全成了店里的招牌菜。

据说,每次把这道菜端上桌,在打开坛子的一刹那,满堂荤香,令人垂涎三尺。相传,就连附近寺庙里的僧人也失去了定力,竟然偷偷跳墙出来,到聚春园大快朵颐。

有一天,几位秀才慕名来到聚春园,专门点了福寿全。他们吃了之后,不禁拍案叫绝。其中一位秀才突然想到僧人跳墙出来吃福寿全的传说,顿时诗兴大发,当即吟道:"坛启荤香飘四邻,佛闻弃禅跳墙来。"在座的食客们听了,都说:"妙哉!妙哉!"

丁丁听得入神，馋得口水都要流出来了。他说："这道菜该有多好吃啊！连僧人都抵御不了诱惑。"

爸爸说："从此，'佛跳墙'这个生动形象的词语便成为这道菜的正式名称。"

中国的饮食文化，早在商周时期已有雏形；春秋战国时期，逐渐表现出南北菜肴的风味差异；唐宋时期，南食、北食各自形成体系；发展到南宋时期，形成了南甜北咸的格局；清朝初期，鲁菜、川菜、粤菜、苏菜等地方菜系，成为当时最有影响力的地方菜，被称作"四大菜系"；到清朝末年，又分化形成了浙菜、闽菜、湘菜、徽菜等四大新地方菜系，共同构成了中国传统的"八大菜系"。

25 女儿红
——女儿红是小姑娘的脸红了吗？

趣 味 文 化 故 事

爸爸和朋友打电话聊天，丁丁听到爸爸说"想喝女儿红"，感到十分好奇，等爸爸挂断电话后，他凑近问道："'女儿红'不是指小姑娘的脸红了吗？怎么能喝呢？"

爸爸笑了，说："其实，'女儿红'是一种酒的名字，主要产于浙江绍兴一带，当地人嫁女儿时专门用它招待客人。"说着，他给丁丁讲了"女儿红"背后的故事。

据说，女儿红这种酒当初并不是为嫁女儿准备的。

从前，绍兴有一位手艺精湛的裁缝，娶了妻子之后就想要一个儿子，以便继承自己的手艺。一天，妻子说自己怀孕了，裁缝非常高兴，立刻酿了几坛好酒，准备在儿子出生后款待亲朋好友。

不料，裁缝的妻子生下的却是一个女儿。裁缝有重男轻女的思想，他觉得女孩子不配继承自己的手艺，所以就没有给女儿举

办庆生典礼，还将那几坛好酒埋在了院里的桂花树下。

光阴似箭，女儿长大成人了。她生得落落大方、聪明伶俐，将裁缝的手艺学得炉火纯青，街坊四邻都说裁缝生了个好女儿。裁缝这才意识到，儿子能做到的事，女儿同样也能做到。于是，他决定把女儿嫁给自己最得意的徒弟，让他们接管自己的裁缝店。

女儿成亲那天，许多亲朋好友前来祝贺，大家喝酒喝得十分高兴。忽然，裁缝想起了十几年前自己埋在桂花树下的那几坛好酒，便把它们挖出来宴客。拆封之后，那酒香气扑鼻、沁人心脾，喝起来醇厚甘鲜，宾客们赞不绝口，后来，就称这种酒为"女儿红"或"女儿酒"。

再后来，附近的人家生了女儿，也都酿几坛酒埋藏起来，等到女儿嫁人时，再挖出来招待宾客，渐渐形成一种独特的风俗流传下来。

丁丁说："酒为什么可以保存那么久却不会变质呢？"

爸爸解释说："只要保存在避光、密封得当的环境中，酒就没有那么容易变质，反而会发生化学反应，变得更香醇。"

丁丁陪你一起学

"女儿红"是浙江省绍兴市的地方传统名酒，属于黄酒的一种，用糯米发酵而成。江南的冬天空气潮湿寒冷，人们常饮用此酒来御寒。

早在宋代，绍兴就是有名的酒产地。南宋著名爱国诗人陆游到绍兴东关古镇游玩时，在品饮"女儿红"酒之后，写下了脍炙人口的诗句："移家只欲东关住，夜夜湖中看月生。"

26 东坡肉
——苏东坡还当过厨师吗?

趣味文化故事

丁丁说:"我发现很多饭店的菜单上都有'东坡肉'这道菜。难道宋代大文豪苏东坡还当过厨师?"

爸爸说:"这道菜的名字的确和苏东坡有关。"说着,他给丁丁讲述了"东坡肉"的来历。

苏轼,字子瞻,号东坡居士,世人称他为东坡先生。他是北宋中期的文坛领袖,在诗词、书法方面有很深的造诣,对烹调菜肴也很有研究。相传,著名的传统菜肴"东坡肉"就是由他创制的。

北宋元祐四年(1089年),苏轼出任杭州知州。第二年,浙西一带连日大雨不止,洪水泛滥,大片的庄稼被淹没。由于苏轼及时采取有效措施,使当地百姓渡过了这次危机。

后来,苏轼看到西湖淤泥阻塞、杂草丛生,不利于防洪灌溉。于是,发动数十万民工疏浚西湖,使湖水畅通,又把挖出来的泥土筑成长堤,沿堤种植花草树木,使西湖景色更加宜人。这条长堤被人们称为"苏公堤",简称"苏堤",后来成就了西湖十景之一的"苏堤春晓"。

杭州百姓非常感激苏轼,为了表达心意,他们四处打听苏轼

的喜好。听人说苏轼喜欢吃红烧肉，于是，到了春节的时候，大家都准备了上等猪肉和酒，不约而同地送到了知州衙门。可是，百姓们送来的猪肉实在太多了，苏轼和衙役们根本吃不完。

于是，苏轼吩咐伙房将猪肉烧好，与酒一起送给疏浚西湖的百姓。不料，伙房误听成了将肉与酒一起烧，结果烧出来的肉口味独特，香醇味美，糯而不腻，人们吃后赞不绝口，便称这种肉为"东坡肉"。

爸爸说："后人纷纷仿效这种做法，从此就有了这道以苏东坡的名字命名的菜肴。"

苏轼不仅是大文豪，而且是美食家。据说，以"东坡"命名的菜有六十多种，比如，"东坡肉""东坡饼""东坡肘子""东坡豆腐""东坡墨鱼"等菜名，都与苏轼有关。

请你试一试，能不能再写出几种与名人的名字有关的菜名。

27 馒头
——馒头的原名叫"蛮头"？

趣味文化故事

馒头是丁丁家里必不可少的主食之一。丁丁问妈妈："中国人是什么时候开始吃馒头的？'馒头'这个名字的来历又是什么？"

妈妈说："中国人吃馒头的历史，最早可追溯到春秋战国时期，当时叫'蒸饼'。到了三国时期，馒头有了正式的名字，叫'蛮头'。"说着，她给丁丁讲述了馒头一词的来历。

相传，蜀汉丞相诸葛亮为了巩固后方，率领军队南下讨伐蛮族首领孟获。他采取以攻心为主的战术，七擒七纵孟获，使他臣服，永远不再叛乱。

后来，诸葛亮班师回朝，行军至泸水时，突然阴云密布，狂风大作，巨浪滔天，大军无法渡河。诸葛亮对这突然的变化感到迷惑不解，忙找来当地人询问。

他们对诸葛亮说："泸水中有一个猖神，经常兴妖作怪，弄得舟翻人亡。大军若要渡河，需要用四十九颗蛮军的人头，以及黑牛、白羊各一头祭供，泸水才会风平浪静。"

诸葛亮听后,心想:"两军交战已经死伤累累,岂能无故再杀四十九条人命祭江?"他看着阴气四起、恶浪滔天的江面,还有处在慌乱之中的士兵和战马,陷入了沉思。

诸葛亮终于想出了一个绝妙的办法:让厨师杀猪宰羊,将猪羊肉剁成肉酱,拌成肉馅,再用白面掺水包入肉馅做成人头的模样,用以替代真人头,起名"蛮头"(又名"瞒头",即欺瞒河神之假头之意)。然后,他将"蛮头"拿到泸水边,陈设香案,洒酒祭江。受祭后的泸水顿时风平浪静,大军安然无恙地渡过了泸水。

丁丁说:"在传说中,发怒的神仙貌似很容易被人类迷惑。"

妈妈补充道:"从此,人们在进行各种祭祀时经常用'蛮头'做供品。到了西晋时期,在束皙的《饼赋》中出现了'馒头',从唐朝开始正式写作'馒头'。"

丁丁陪你一起学

下面都是关于馒头的诗词名句,请你查阅相关资料,试着说一说它们的含义。

1. 半破磁缸成醋瓮,死牛肠肚作馒头。(五代后蜀·蒋贻恭《咏安仁宰捣蒜》)

2. 天下风流笋饼,人间济楚蕈馒头。(北宋·苏轼《约吴远游与姜君弼吃蕈馒头》)

3. 世人作肥字,正如论馒头。(北宋·梅尧臣《韵语答永叔内翰》)

4. 直得变生为熟去,方知胡饼是馒头。(南宋·释广闻《蒸笼》)

28 五粮液
——五粮液是由五种粮食酿成的吗？

趣 味 文 化 故 事

丁丁指着家里的五粮液酒瓶，问爸爸："'五粮液'这个名字很容易给人留下深刻的印象，是谁想出来的？"

爸爸说："据说，'五粮液'这个名称是由一位举人取的。"

宋朝时，四川宜宾的一位酒坊主人姚氏改良传统酿造技术，酿出了五粮液的雏形"姚子雪曲"。明朝初年，陈氏接手姚氏酒坊，经过多年苦心钻研，他研制出了酿造杂粮酒的秘方。靠着这个秘方，他的酒坊在当地名声很大。到了清朝时，陈家因没有儿子作为继承人，只好把酿造杂粮酒的秘方传给了徒弟赵铭盛。而赵铭盛又把这个秘方传给了自己的爱徒邓子均。

邓子均接手酒坊后，改良了原有配方，酿出了新一代的杂粮酒。有一天，邓子均去参加一个盛大的宴会，赴会者有很多当地的文人墨客。邓子均心想："不如把我改良的杂粮酒带上，让这些名士提提意见。"邓子均入席后，迫不及待地把酒打开，屋子里瞬间充满了酒香。宾客们连连称赞，只有当地举人杨惠泉沉默不语。他一边细细地品酒，一边又好像在思考着什么。

忽然，杨惠泉抬起头问邓子均："你这酒叫什么名字？"

邓子均回答道:"这酒是用大米、糯米、小麦、高粱、玉米五种粮食的精华酿制而成的,所以文人叫它姚子雪曲,老百姓则称它为杂粮酒。"

杨惠泉提议道:"如此佳酿,叫杂粮酒,似乎有些不雅;名为姚子雪曲,又有些曲高和寡。既然此酒集五种粮食的精华而成,为何不叫五粮液呢?"

邓子均听后,拍手叫好。宾客们也异口同声地说:"这个名字取得太好了!"

从此,这种杂粮酒就被称为五粮液,一直流传至今。

丁丁赞叹道:"简明扼要,通俗易懂,的确是个好名字!怪不得这个名字可以流传到现在。"

丁丁陪你一起学

中国有句俗话,叫"无酒不成席"。人们习惯把参加婚礼称为"喝喜酒",新郎新娘要喝"交杯酒";父母庆祝孩子出生、办满月庆典,称为"满月酒";每到重阳节,要喝"重阳酒";人们为取得胜利或成绩而庆祝,要喝"庆功酒";好朋友结交,要喝"拜把子酒"。可见,酒已经成为中国人生活中必不可少的一部分,深刻地影响着人们的生活。

茶叶
——茶叶原本是解毒的药？

趣味文化故事

丁丁和妈妈去茶园里游玩，体验采茶生活。丁丁问道："茶叶看起来普普通通，却能沏成很香的茶。是谁发现了它的妙处？"

于是，妈妈给丁丁讲述了"神农尝茶"的传说。

神农其实就是"三皇五帝"之一的炎帝，因为他发明了农业，所以大家称他为"神农"。

远古时候，人们没有粮食的概念，以为一切植物都可以吃，结果经常因为误食有毒的东西而得病，甚至丧命。

神农为了解除人们的疾苦，经常到深山野岭去采集草药。他不但要翻山越岭，而且要把采集到的植物都试吃一遍，用自己身体的反应，来判断哪些植物有毒、哪些无害。

有一天，神农在野外采集了一大堆植物，把它们按已知的属性分成几堆，然后坐在一棵树下开始一一试吃。不料，神农尝到了一种有毒的草，顿时感到头晕目眩、舌头发麻、意识模糊。

这时，一阵轻风吹来，树上落下几片带着清香味儿的绿叶，神农随手捡起两片放在嘴里咀嚼起来，顿感神清气爽、舌底生津，刚才的不适感全消失了。神农捡起几片绿叶仔细观察，发现这种绿

叶与一般的树叶不同，便采集了一些带回去继续研究。

后来，神农试着把这种神奇的绿叶放入陶器中煎熬，只见其中的汤水逐渐呈现出黄绿色，一股清香扑鼻而来。神农盛起一碗黄绿色的汤水，试着喝了一口，只觉得苦涩清香、回味甘甜，顿时感到精神焕发、浑身舒泰。

神农大喜，将它定名为"茶"，这就是最早发现茶的典故。

丁丁说："茶叶居然有这么神奇的功效！"

妈妈说："最初，茶被人们当成药来使用。后来人们在蒸煮食物时也加入茶叶，最后才用水沏茶，从而使茶慢慢成了流行于世界的一种饮品。"

丁丁陪你一起学

茶叶，指茶树的叶子和芽，后来引申为所有用植物花、叶、种子、根泡制的草本茶。它起源于中国，已有6 000多年的历史。茶叶最早被作为祭品使用，春秋后期被人们作为菜食；西汉中期发展为药用，到了西汉后期成为宫廷高级饮料；西晋以后才作为普通饮料在民间普及。如今，茶被誉为"世界三大饮料"之一。

饺子
——饺子的祖师爷是谁？

刚出锅的饺子飘着热腾腾的香气，令人馋涎欲滴。

妈妈对丁丁说："你看，饺子像不像人的耳朵？其实，饺子原名'娇耳'，作为汉族传统面食之一，距今已有1 800多年的历史。"

丁丁眨巴着眼睛问："真的吗？饺子和耳朵有关系？"

于是，妈妈一边盛饺子，一边给丁丁讲述了饺子的由来。

相传，饺子是医圣张仲景发明的。

张仲景，南阳（今河南南阳）人，东汉末年著名医学家，被后人尊称为医圣。起初，张仲景被朝廷指派为长沙太守。当时，官员不能随便进入民宅接近百姓。张仲景为了给百姓治病，便择定每月初一和十五两天，大开衙门，不问政事，只坐在大堂上给生病的百姓诊治。后来，人们就把坐在药铺里给人看病的医生通称为"坐堂医生"。

后来，天下大乱，东汉王朝动荡不安，张仲景毅然辞官回乡，为乡邻治病。当时，正是寒风刺骨、大雪纷飞的冬天，他看见南阳白河两岸的乡亲们面黄肌瘦、衣不蔽体，不少人的耳朵都冻烂

了。原来，当时伤寒流行，病死的人很多。身为医者，张仲景心里非常难过，便决心救治百姓。

于是，张仲景仿照在长沙时用的办法，吩咐弟子在南阳东关的一块空地上搭起医棚，支起大锅，在冬至那天开张，向乡亲们施舍"祛寒娇耳汤"治病。这种"祛寒娇耳汤"的做法是：把羊肉和一些祛寒药材放在锅里熬煮，煮好后再把羊肉和药物捞出来切碎，用面皮包成耳朵状的"娇耳"，下锅煮熟。然后，张仲景便命弟子们把"祛寒娇耳汤"分发给前来求药的人。人们吃下去后，都觉得浑身发热，血脉通畅，两耳变暖。张仲景舍药一直持续到大年三十，到大年初一庆祝新年时，乡亲们被冻伤的耳朵都被治好了。

后来，人们便仿照"娇耳"的样子做过年的食物，并分别在冬至中午、腊月三十晚上和正月初一早晨吃。人们称这种食物为饺耳、饺子或扁食，以纪念张仲景开棚舍药和治愈病人的善行。

丁丁说："怪不得冬至人们要吃饺子，原来可以防止耳朵冻伤。"

妈妈笑了，说："没错，民间还有'冬至不端饺子碗，冻掉耳朵没人管'这样的谚语呢。"

冬至是我国农历中一个重要的节气，也是中华民族的传统节日之一。它是二十四节气之一，俗称"冬节""交冬""长至节"等。冬至这一天是北半球全年中白天最短、夜晚最长的一天。早在春秋时代，中国就已经测定出了冬至的时间。因为冬至并没有固定于特定的一日，所以和清明一样，被称为"活节"。

第四章

琴棋书画里看文化

丁丁有话说

在古人看来,"琴棋书画,诗酒花茶",是文人雅士修身养性的基本方式。其实,在今天,笔、墨、纸、砚、围棋……这些中华文化得以世代传承的重要载体,仍然是一个人文化素养的象征。

31 毛笔

——毛笔是用什么毛做成的？

趣 味 文 化 故 事

爸爸新换了几支毛笔，丁丁看到后，问："这些毛笔是用什么毛做成的？是谁发明的？"

爸爸说："毛笔是用动物毛制成的，与墨、纸、砚一起并称为'文房四宝'。现在，人们虽然已经很少用到毛笔，但它作为传统的书写工具和绘画工具，仍然是书法和绘画爱好者必不可少的工具。"随后，他为丁丁讲述了毛笔背后的文化故事。

最早的毛笔距今已有两千多年的历史。人们普遍认为是秦朝的蒙恬发明了毛笔，所以有"蒙恬始作秦笔"之说。其实，早在新石器时代，毛笔便已出现。蒙恬只是毛笔的改进者，并不是发明者。

据传，秦朝名将蒙恬带兵在外作战，为了让秦王及时了解战况，他需要定期书写战报呈送给秦王。当时，人们还用竹签蘸墨写字，写不了几笔就要蘸一次墨汁，书写速度很慢。

一天，蒙恬打猎时射伤了一只兔子，兔子的尾巴在地上拖出了一道血痕。蒙恬看到后，产生了一个大胆的想法——利用兔毛制作毛笔。于是，他剪下一些兔毛，塞进一根竹管中，留出一小段蘸上墨汁，试着用它来写字。可是，兔毛油亮光滑，很难吸上墨汁。

第四章　琴棋书画里看文化

　　蒙恬反复试了几次，还是不行。他随手就把那根带着兔毛的竹管扔到了外面的一个石坑里。

　　后来，蒙恬无意间看见了那根被他扔掉的竹管，发现上面的兔毛竟然变白了。于是，他把竹管捡起来，再次试着蘸了蘸墨汁。出人意料的是，这次兔毛竟然能吸入很多墨汁，书写起来非常流畅。

　　原来，石坑里的水中含有石灰质，经过碱性水的浸泡，兔毛的油脂被溶解掉，就变得柔顺了起来。

　　这就是毛笔的来历，蒙恬也因此被称为"笔祖"。

　　听完这个故事，丁丁说："这可真是机缘巧合啊！"

　　爸爸说："是的。有时候运气往往能助人一臂之力。历史上，英国微生物学家亚历山大·弗莱明因为没有清洗培养基，反倒意外发现了青霉素，拯救了无数人的生命。"

丁丁陪你一起学

毛笔是古人必备的文房用具，位居"文房四宝"之首，一款好的毛笔必须具备"四德"：尖、齐、圆、健。

尖：指笔毫聚拢时，末端要尖锐，笔锋有聚拢的能力，不能在笔心出现空洞，笔"尖"写字才锋棱易出，较易传神。

齐：指笔尖润开压平后，毫尖平齐，压平时长短相等，中无空隙，这样，运笔时万毫齐力。

圆：指笔毫圆满如枣核之形，就是毫毛充足的意思，这样，书写时毛笔在每个方向都能发力。

健：指笔要有弹力，将笔毫重压后提起，随即可恢复原状，这样，运笔才能圆转如意。

墨汁
——墨汁是乌贼释放的汁液吗？

海洋纪录片里讲到，乌贼遇到强敌时，会以"喷墨"作为逃生的方法，并伺机离开。

丁丁看到后，问爸爸："我们家的墨汁是乌贼释放出的汁液吗？"

爸爸笑着摇了摇头，说："如果墨汁来自乌贼，那该有多少只乌贼受到惊吓啊！墨汁是一种含有色素或染料的液体，与乌贼身上的汁液成分完全不同。"随后，他为丁丁解释了"墨汁"背后的故事。

古时候，人们使用的墨是墨锭，需要在砚台里研磨后使用，很不方便。

清朝同治年间，有一个叫谢崧岱的书生，多次进京赶考都没有考中，但有一件事留给他很深的印象：在考场上，考生要一边研墨一边答卷，既浪费时间，又会打断思路，溅出的墨汁有时还会弄脏卷面。

于是，谢崧岱将墨研成墨汁，装入小容器里，带到考场外推销，竟深受考生们的欢迎。后来，他就开了一间小作坊，自产自销墨汁，生意果然很红火。由此，谢崧岱开创了中国墨汁制造业的先河。

其实，历史上第一个使用墨汁的人是周朝的邢夷。邢夷不仅擅长写诗，而且喜欢作画。可是，当时没有墨，写字作画很不方便。为此，邢夷十分苦恼。

一天，邢夷在河边洗手时，河面上漂来一个黑乎乎的东西。他捞起来一看，是一块没有燃尽的松炭，就又扔回了河里。可是，他发现自己的手竟被染成了黑色，他不禁想："是否可以用松炭写字作画呢？"

想到这儿，邢夷捞起松炭带回家中，将其研磨成粉末后，加入水中搅拌均匀，拿起筷子蘸了蘸，在墙壁上画出了一道道黑色的痕迹。这种用松炭粉末调成的液体，就是中国最早的墨汁。

邢夷觉得这种液体不方便携带，便把松炭、锅灰和糯米粥混合搅拌后，揉搓成方条晒干，使用时加上水研磨一下就可以了。这种方条就是中国最早的墨锭，历史上称它为"邢夷墨"。

丁丁说："考试时间本就紧张，还要一边研墨一边答卷，古时候的考生真不容易！而谢崧岱能从中发现商机，实在很有头脑！"

常见的墨的种类有松烟墨和油烟墨两种。松烟墨主要以松木为燃料，取其烟制成墨；油烟墨的主要燃料则是桐油、菜籽油、胡麻油等植物油，油类燃料燃烧后，取其烟制成墨。因为油烟墨中含有脂类成分，其墨色黝黑而有光彩，所以比较适合书画创作，书写行书、楷书时，笔画格外流畅，画山水花鸟时，墨色鲜润。松烟墨缺乏光泽，一般用于绘画，可以体现山水画中远山的苍茫之感和人物鬓发的质感等。

33 宣纸
——宣纸真的能够千年不朽吗？

趣味文化故事

丁丁和爸爸逛到一家老书店，看到一种特别的纸。

爸爸对丁丁说："这是宣纸，一种质量很高的白纸，特别适用于中国书画。宣纸产于安徽宣城泾县，迄今已有1 500余年的历史。由于宣纸具有易于保存、经久不脆、不会褪色、不蛀不腐、卷折无损等特点，素有'纸中之王''纸寿千年'的美誉，还被誉为'国宝'。我国大量的古籍珍本、名家书画，正是因为使用了宣纸的缘故，才能完好地保存至今。"

丁丁问："是谁造出了这么好的纸？"

于是，爸爸给丁丁讲述了一个"孔丹造宣纸"的传说。

东汉末年，造纸鼻祖蔡伦去世后，他的弟子孔丹为了纪念老师，决定请画师为蔡伦画一幅肖像，永远地流传下去，让后世铭记蔡伦的伟大贡献。虽然当时已经有了适合书写作画的

纸张,但是时间久了,会生蛀虫,容易破损,不能完好地保存下来。

于是,孔丹前往峰险林密的皖南(位于长江三角洲地区)山区,想寻找一种更好的造纸原料,造出高质量的纸张,为自己的老师画像。为此,孔丹不断地取材研究,反复地试验,但都以失败告终。

有一次,孔丹在山里休息时,看见溪流中倒着一棵古老的青檀树。由于终年日晒水洗,树皮已腐烂变白,露出了一缕缕白色的纤维。孔丹惊喜万分,这种洁白坚韧的植物纤维正是制纸的好材料。

于是,孔丹把这些纤维取下来,经过反复试验,终于造出一种质地柔韧的纸张,这便是后来有名的宣纸。然后,孔丹聘请一位著名的画师,为蔡伦画了一幅肖像,精心裱制后悬挂在家里的厅堂中。

据说,有一种叫作"四尺丹"的宣纸,就是为了纪念宣纸的发明者孔丹。

丁丁赞美道:"这就叫'有志者,事竟成'吧。正是因为孔丹这种锲而不舍的工匠精神,才有了可以保存千年的纸张。"

丁丁陪你一起学

蔡伦(约62—121年),字敬仲,东汉桂阳郡(今湖南耒阳)人,我国古代伟大的发明家。他总结以往人们的造纸经验,革新造纸工艺,制成了蔡侯纸。蔡伦的造纸术被列为中国古代"四大发明"之一,对人类文化的传播和世界文明的进步做出了杰出的贡献,千百年来备受人们的尊崇。2008年北京奥运会开幕式上特别展示了蔡伦发明的造纸术。

34

砚 台
——砚台为什么能磨出墨汁呢?

趣 味 文 化 故 事

丁丁读到元末诗人王冕的"我家洗砚池边树,朵朵花开淡墨痕"这句诗时,产生了好奇,问爸爸:"砚台是用什么做的?为什么可以磨出墨汁?"

于是,爸爸给丁丁讲起了砚台的来历。

砚,俗称砚台,是书写、作画时研磨色料的工具。古时候,人们没有现成的墨汁,在写字、作画之前,要先把墨块放在砚台里研磨成墨汁,再用笔蘸墨书写、作画。笔、墨、纸、砚是古代读书人必不可少的文具,合称"文房四宝"。

在殷商初期,人们蘸着石墨写字,很不方便,后来用坚硬的东西把石墨研磨成汁使用,这些坚硬的东西就是砚台的雏形。到了汉朝,人们发明了人工制墨,可以直接在砚台上研磨,于是砚台开始发展起来,成为文人墨客必备的用具。

宋朝时,砚台已不再是单纯的文房用具,而是集雕刻、绘画于一身的工艺品,再加上砚台性质坚固、传百世而不朽的特点,因此成为历代文人墨客收藏的对象。比如,北宋著名书法家米芾(fú)就酷爱收藏砚台,简直到了嗜砚成癖的地步。

宋徽宗听说米芾的书法很不错，就把米芾召入宫中给他写字。研墨时，米芾发现皇宫桌案上的砚台非常奇特，上面刻满了山水景物，十分想得到它。可是，这方砚台是皇帝御用的，怎么才能得到呢？

研好墨后，米芾拿起笔，眨眼间就把字写好了。宋徽宗看后，非常高兴，准备赏赐一些东西给米芾。

米芾捧起砚台一本正经地对宋徽宗说："陛下，这方砚台已经被臣污染了，不太适合再给您使用了，不如就把它赐给我吧！"

宋徽宗早就听说米芾对砚台十分痴迷，就笑着说："给你！给你！"米芾生怕宋徽宗反悔，顾不上墨汁会把衣服弄脏，捧着带有墨汁的砚台，手舞足蹈地回家了。

丁丁说："没想到古代文人这么重视砚台。我本以为砚石只是一块黑色的石头，没想到它也是一种精巧的工艺品。"

丁丁陪你一起学

砚是一种久负盛名的中国传统手工艺品，历经秦汉、魏晋，自唐朝起，全国各地相继发现适合制砚的石料，开始以石为主的砚台制作。其中，采用甘肃洮州（在今甘肃洮河流域）的洮河石、广东端州（今广东肇庆一带）的端石、安徽歙（shè）州（今安徽歙县）的歙石制作的砚台，分别被人们称作洮砚、端砚、歙砚，后来，人们将山西新绛的澄泥砚与"三大名砚"并列，称作"中国四大名砚"。

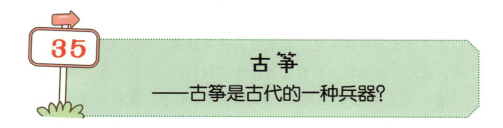

35 古筝
——古筝是古代的一种兵器？

趣 味 文 化 故 事

学校举办的晚会上，有位女同学弹奏了一首《青花瓷》，优美动听，令丁丁沉醉不已。节目结束后，丁丁找到李老师，问："刚刚那位同学用的是什么乐器？真好听！"

李老师解释说："她弹的是古筝。这是一种古老的弹拨弦鸣乐器，早在春秋战国时期，古筝就盛行于陕西一带，距今已有2 500多年的历史了。"说着，李老师给丁丁讲起了古筝的由来。

据记载，古筝在战国时期是一种兵器。在战场上，古筝既可以竖起来挥打敌人，又可以作为盾牌抵挡刀枪和弓箭的攻击。后来，有人在古筝上面加上琴弦，拨动时能发出悦耳动听的声音，它又变成了一种乐器。这就是"筝横为乐，立地成兵"的由来。

随着科技的进步，兵器越来越轻便，古筝因太过笨重，不再作为兵器使用，而成为一种纯粹的乐器，一直流传到今天。据说，古代中国的文人非常推崇"琴、棋、书、画"四门艺术，其中"琴"指的是弹琴，多指古筝。

不过，还有一种说法认为，古筝的来历与一个叫宛无义的人有关。

相传，在 2 000 多年前，秦国流行一种叫"瑟"的乐器。当时，有一个乐师叫宛无义，擅长鼓瑟，他的两个女儿也喜欢鼓瑟。于是，宛无义就把鼓瑟的技艺传授给了她们。

有一天，宛无义让两个女儿各弹一首曲子，展示一下自己鼓瑟的技艺。姐妹俩争着要第一个表演，可是只有一把瑟，她们各自拽着瑟的一头，互不相让，瑟一下子被分成了两半。

宛无义又急又气，但又不忍心责怪女儿，只好拿着破损的瑟，左摸摸，右看看。当他用手拨动半边瑟上的弦时，竟然发出了美妙的声音。

宛无义连忙把半边瑟做了修缮，结果改造成了一种新的乐器。因为这种乐器是因两个女儿争抢而得来的，宛无义便给它取名叫"筝"。从此，"筝"就在秦国传开了，并流传至今。

丁丁说："想不到古筝还可以用来做兵器，真是让我大开眼界！"

古筝音乐在我国历史上源远流长，从古至今，产生了许多脍炙人口、具有传世价值的名曲。其中，《渔舟唱晚》《出水莲》《高山流水》《林冲夜奔》《侗族舞曲》《汉宫秋月》《寒鸦戏水》《东海渔歌》《香山射鼓》《战台风》被誉为"古筝十大名曲"。

小朋友，你还知道哪些用古筝演奏的名曲呢？请试着说一说。

36 围棋
——围棋是把对方围起来就赢了吗？

趣味文化故事

丁丁的爷爷沉迷于围棋，一有空就去小区的广场上看人下棋。丁丁看了几场比试，又听爷爷讲了一大堆围棋的规则和术语后，感到围棋十分精妙，问道："是谁想出这样复杂的棋盘游戏的呢？"

爷爷说："围棋，起源于中国，古时称'弈'，它是棋类游戏的鼻祖，关于围棋的传说至今已有4 000多年的历史。关于围棋的来历，在古书上有'尧造围棋，以教子丹朱'的记载。"

相传，上古时期的尧帝有一个儿子叫丹朱。他非常调皮，到处惹事，经常和小伙伴们玩"打仗"的游戏，身上总是伤痕累累。为此，尧帝十分头疼，生怕丹朱不思进取，将来难以成材。

后来，尧帝想出了一个绝妙的办法：仿照围猎的方

法，在木板上画出纵横交错的十几道格子，用黑白两种石子作为棋子，在上面玩"打仗"的游戏。这就是早期的围棋。

做好这些准备之后，尧帝把丹朱叫到跟前，对他说："你这么喜欢玩'打仗'，我就教你一种能'打仗'的游戏。"丹朱十分好奇，连忙追问怎么玩。

尧帝拿出棋盘和棋子，说："一个石子代表一个兵，你掌控黑石子，我掌控白石子，我们依次在交叉点上放置石子，看谁能把对方的兵包围起来，被围住的石子就代表被消灭的士兵，必须撤走。"

丹朱听后，便和尧帝在棋盘上打起仗来。几个回合下来，丹朱每次都输，非常苦恼。尧帝说："你之所以一直失败，是因为你没有认真思考。玩这个游戏，就像在战场上打仗一样，你必须学会带兵打仗的方法，否则很难获胜。"

从那以后，丹朱开始不断地从这种游戏中总结经验和教训，学会了很多克敌制胜的方法。

尧帝教丹朱玩的这种游戏，后来演变成现在的围棋。

丁丁说："围棋中竟然蕴含着带兵打仗的秘诀，真是不可小觑！"

丁丁陪你一起学

我国史籍关于围棋最早的记载见于春秋时期，至今已有二千五六百年的历史。春秋时期鲁国的弈秋，是见于史籍记载的第一位棋手，而且是当时诸侯列国都知晓的围棋高手，也是史上第一个有记载的从事教育的围棋名人。

37 汉乐府
——汉乐府是专门负责写诗歌的衙门吗？

趣味文化故事

丁丁最近学习古诗时，经常遇到这样一种情况：一首诗的署名不是某个人的名字，而是"汉乐府"三个字。他问妈妈："'汉乐府'到底是指什么？它是专门负责写诗歌的衙门吗？为什么能创作出这么多著名的诗歌呢？"

妈妈回答："其实，汉乐府是汉朝朝廷设立的一个机构，负责谱写乐曲、训练乐工，采集民间的诗歌，以便统治者从中了解民情。后来，人们就把汉乐府收集来的诗歌，统一称为'乐府诗'或'乐府'。"随后，她讲了一个关于乐府诗的故事。

乐府诗反映了我国古代底层劳动人民的生活状态。比如，乐府诗有一首代表作《陌上桑》。在这首诗中，罗敷不仅长得非常漂亮，而且聪明善良、心灵手巧，非常善于养蚕。每当罗敷去城南采桑时，路过的人都会被她的美貌吸引而停下来驻足观看。

一天，一位太守从此地路过时，看见

了美丽的罗敷，便告诉了她自己的身份，邀请她跟自己一同乘车。罗敷对太守说："大人为何这般愚蠢，您已经有了妻子，我也有了丈夫，怎么可能跟您一同乘车呢？"

太守问她的丈夫是何人，罗敷答："我的丈夫二十岁时在朝廷做大夫，三十岁当了侍中郎，四十岁成为一城之主。他为人正直清廉，没有人说他不出色的。"

太守本以为罗敷会屈服于自己的权势，没想到她的丈夫比自己还厉害，只好灰头土脸地离开了。

丁丁说："这个太守实在是太自以为是了。"

妈妈说："罗敷不畏权贵，用自己的智慧巧妙地化解了困境。《陌上桑》这首乐府诗深刻地揭露了封建官僚的丑恶，赞美了女主人公的坚贞、勇敢和机智。"

丁丁陪你一起学

汉乐府诗《孔雀东南飞》和北朝民歌《木兰诗》都是我国文学史上著名的叙事长诗，其深刻的社会思想意义和极高的艺术成就，为历代文人所推崇，被誉为"乐府双璧"。

后来，人们又把汉乐府诗《孔雀东南飞》与《陌上桑》及唐代韦庄的《秦妇吟》并称为"乐府三绝"。不过，也有人把汉乐府诗《孔雀东南飞》与北朝民歌《木兰诗》及唐代韦庄的《秦妇吟》并称为"乐府三绝"。

38 曲高和寡
——调高的曲子没人唱得上去？

趣味文化故事

丁丁读到曲高和寡这个词,十分不解,问爸爸:"这个词是说曲子调太高没人能唱得上去吗?"

爸爸说:"曲高和寡比喻知音难得,或者比喻言论或作品不通俗,能理解或欣赏的人很少。"为了帮助丁丁理解,爸爸讲起了曲高和寡的来历。

战国时期,楚国有一个叫宋玉的人,文才出众,能言善辩,在楚襄王手下做事,深受楚襄王的赏识。很多大臣心生嫉妒,便在楚襄王面前说他的坏话。

一天,又有人在楚襄王面前说宋玉的坏话,楚襄王听得有些不耐烦了,便把宋玉召来,问道:"先生最近有行为失检的地方吗?为什么士大夫和百姓都不夸赞您呢?"

宋玉回答道:"大王,请让我给您讲一个故事。前不久,有一位艺人到我们的都城来唱歌。开始,他唱的是曲调通俗易懂的《下里》和《巴人》,会唱的人很多,因此有好几千人都跟着一起唱。接着,他唱起了格调稍微高雅的《阳阿》和《薤(xiè)露》,有几百人跟着一起唱。后来,他又唱起了格调比较高难的

《阳春》和《白雪》，有几十个人跟着一起唱。最后，他唱出格调高雅的商音、羽音，又杂以流利的徵音，能跟着他唱的不过几个人罢了。"

讲完这个故事，宋玉对楚襄王说："大王，由此可见，歌曲越是高雅，会唱的人就越少啊！同样，圣人有奇伟的思想和表现，所以超出常人。我的思想和品行并非常人所能理解，所以和我站在一边的人自然就少了。"楚襄王听了，觉得宋玉的话非常有道理，从此更加赏识他了。

丁丁说："看来，在古代做臣子，少不了出色的辩论能力。宋玉如果不能应答自如，说不定楚襄王就听信谗言，惩罚他了。"

丁丁陪你一起学

宫、商、角（jué）、徵（zhǐ）、羽，是中国古乐五个声音阶中的五个音级，起源于春秋时期，距今已有2 600余年的历史，类似现在简谱中的1、2、3、5、6。即宫等于1（Do），商等于2（Re），角等于3（Mi），徵等于5（Sol），羽等于6（La），没有4（Fa）与7（Si），所以被称作五音。

脸谱
——"脸谱"是在脸上谱曲吗?

"蓝脸的窦尔敦盗御马,红脸的关公战长沙,黄脸的典韦、白脸的曹操,黑脸的张飞叫喳喳……"听到这首京味十足的戏歌《说唱脸谱》,丁丁也忍不住跟着哼唱起来。

陶陶见状,问丁丁:"京剧里的'蓝脸''红脸''黄脸'到底是指什么?"

丁丁回答:"这些就是我们常说的脸谱,但不是在脸上谱写曲子,而是中国传统戏曲中某些角色脸上画的各种图案,是用来表现人物的性格特征的。"说着,他给陶陶讲述了脸谱的起源。

传说,脸谱的起源与北齐时期的兰陵王高长恭有关。

高长恭,本名高肃,字长恭,又名高孝瓘,是北齐王朝的宗室将领,神武帝高欢之孙,文襄帝高澄的第四个儿子。高长恭智勇双全、文武兼备,但容貌清秀、声音柔美,每次带兵打仗,敌军总会嘲笑他的长相,这极大影响了本方士气。为了解决这个问题,兰陵王给自己做了一个面具,上面画着恶鬼图案,恶鬼面具极大地震慑了敌军。从此,兰陵王打仗无往不利,所向无敌。

河清三年(564年),北齐重镇洛阳被北周十万大军围困,齐武成帝急召各路大军去解洛阳之围,在三军突破周军围城的第一道防线后,高肃亲率五百名精骑,乘胜冲入北周军重围,直抵金墉城(今河南孟津境内)下。守城的北齐士兵军心大振,内外夹击,突破重围,打败了北周军,解了洛阳之围。

高长恭在此次战役中威名大振,为了歌颂他的赫赫战功,人们创作了《兰陵王入阵曲》。表演时,要求舞者们必须佩戴面具,而这就成了脸谱的起源。

随着戏曲文化的发展,脸谱文化也不断地演化,最终演变成了今日的形态。

陶陶听完,说:"原来,有时候长得好看也是一种烦恼。"

丁丁陪你一起学

京剧脸谱按颜色划分,可以分为红脸、绿脸、蓝脸、白脸、黑脸、黄脸、紫脸、金银脸等。脸谱的颜色代表着不同角色的不同性格,如红脸表示忠义,紫脸表示孝顺,黑脸表示正直,粉脸表示德高望重,水白脸表示奸诈邪恶,油白脸表示狂傲自大,黄脸表示狠毒,灰脸表示贪婪,蓝脸表示勇敢,绿脸表示暴躁,金银脸表示神仙和妖怪等。

40 余音绕梁
——什么声音这么神奇?

趣味文化故事

夜晚的广场上,有人在唱歌。爸爸用赞美的语气说:"这位歌手的歌声真可谓余音绕梁,让人回味无穷。"

丁丁吓得紧贴上爸爸的胳膊,说:"'余音绕梁'是什么声音,那不会很诡异吗?"

爸爸哈哈大笑,说:"瞧你吓得!'余音绕梁'是一个成语,形容歌声或音乐优美,余音回旋不绝;也比喻诗文意味深长,耐人寻味。这个词出自《列子·汤问》,文中还记载了一个有趣的典故呢!"

一听到典故,丁丁就不害怕了,开始认真听爸爸讲故事。

战国时期,韩国有一个名叫韩娥的歌唱能手,闻名全国。有一年,韩国突然遭遇狂风暴雨,洪水决堤,巨浪滔天,把田园、房屋都冲毁了,百姓纷纷逃命。韩娥在乡亲的帮助下幸免于难,投奔齐国。

因为韩娥已经断粮好几日了,于是在齐国临淄城西南门卖唱求食。

她的声音清脆嘹亮,婉转悠扬,十分动人。这次演唱轰动全

城。唱完以后，听众们还聚在城门口徘徊留恋，不肯散去。

有人便到旅店去找韩娥，请她再来演唱。可是，旅店老板却对韩娥很不礼貌，韩娥忍不住放声大哭。她的哭声悲惨凄凉，附近居民都被感动得流下泪来。由于韩娥的歌声婉转动听，唱完以后两三天似乎还有遗留的歌声，在屋梁间缭绕飘荡。一连三天，大家都难过得吃不下饭。当人们听说韩娥已经出城离去时，立刻派人去追，苦苦挽留。韩娥不便违拗百姓的要求，便回来为大家继续演唱了一次。大家很高兴，几天来的悲伤情绪一扫而空。

《列子·汤问》在描写这一情节时，说"余音绕梁，三日不绝"。从此，人们称赞歌声或音乐的美妙，余音不绝，就常用这个成语。后来，人们也用"绕梁三日"比喻诗文意味深长，耐人寻味。

"原来如此。这样神奇的歌声，我也想听它'绕梁三日'！"丁丁一扫之前的恐惧，向往地说道。

《列子》，又名《冲虚经》，是道家重要典籍，相传为战国时郑人列御寇所著，所著年代不详，大体是春秋战国时代。该书按章节分为《天瑞》《黄帝》《周穆王》《仲尼》《汤问》《力命》《杨朱》《说符》等八篇，每一篇均由多个寓言故事组成，寓道于事，其中就有我们较为熟悉的"愚公移山""亡呋（fū）者""歧路亡羊"等。

第五章

民谚俗语里看文化

丁丁有话说

知识和智慧不仅藏在书本里,日常生活中它们也随处可见。不管三七二十一、破天荒、挂羊头卖狗肉……这些大家经常挂在嘴边的俗语,都藏着你不知道的典故。

41 不管三七二十一
——不管三七二十一是一道计算题吗？

趣味文化故事

陶陶问丁丁："我们背的乘法口诀里说'三七二十一'，汉语中也有一个说法是'不管三七二十一'，这是什么意思呢？"

于是，丁丁给陶陶讲述了"不管三七二十一"的来历。

战国时期，天下纷争，各国之间战争不断。后来，秦国实行了商鞅变法，逐渐强盛起来，给其他国家带来了巨大威胁，所以他们想联合起来抗击秦国。可是，由于国家之间的利益不均，行动起来十分困难。

洛阳有位谋士，名叫苏秦，为了促成五国联合抗秦，他劝说齐王攻秦。

当齐王谈到兵力不足时，苏秦说："齐国有这么多城池，仅一个临淄城就有七万多户人家。假设每户人家有三个男丁，三七二十一，临淄城的兵源就至少有二十一万人。如果贵国想要抗击秦国，靠临淄一城的兵源就绰绰有余了，根本不用到别的地方去征兵。"

苏秦的计算方法固然没有错，但这种计算方

法是不符合实际的，因为临淄城不可能每户人家都有三个男丁。即使有的话，还存在老、幼、病、残的可能，并不是每个男丁都是青壮年，所以他所说的二十一万兵源，只是空谈而已。

后来，人们就用"不管三七二十一"来形容做事不顾背景和前提，不认清形势局面，不分青红皂白地胡干、蛮干。

陶陶活学活用，说："以后，我做数学题时，可千万不能'不管三七二十一'啊！"

丁丁陪你一起练

生活中，我们经常会遇到带数字的俗语，除了"不管三七二十一"，还有"八九不离十""三下五除二""十万八千里"等。请在下列句子中填入合适的俗语。

1. 我打开画纸，拿起画笔，（　　）就勾出了一只小鹿。

2. 不用你说，我一猜就能猜出个（　　）。

3. 这两位选手的水平相差（　　），胜负一目了然。

---

1. 三下五除二　2. 八九不离十　3. 十万八千里

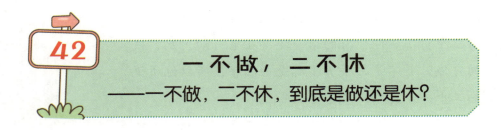

42 一不做，二不休
—— 一不做，二不休，到底是做还是休？

趣味文化故事

丁丁问爸爸："'一不做，二不休'这个词语，到底是指做还是休呢？"

爸爸说："这个词语的意思是指事情既然做了开头，就索性做到底。"随后，他给丁丁讲了"一不做，二不休"的来历。

唐德宗执政时期，有一支叛军作乱，拥护朱泚（cǐ）为帝，想要推翻唐朝的统治。唐德宗派大将李晟领兵去讨伐叛军，李晟的部队骁勇善战，叛军很快落了下风。

朱泚手下有个叫张光晟的将领，他知道叛军不是李晟的对手，就暗中派手下的人去与李晟联络。李晟见到张光晟派来的人，对他说："我随时欢迎你们归降朝廷。"张光晟得到消息后，便杀了朱泚带领部下投降了。

李晟向唐德宗说明了张光晟归顺的事情，希望朝廷能让张光晟戴罪立功，继续任用他；而且李晟每次出去参加宴会都带着张光晟，希望大臣们也能接纳他。

但其他大臣对李晟的行为十分不满，认为张光晟不配与他们同坐。有的大臣甚至在席间掀桌而起，怒斥道："我决不与反贼同席!"李晟没有办法,只得把张光晟囚禁起来,让朝廷处理。

不久,唐德宗以谋反的罪名要处死张光晟。张光晟十分后悔,他临死前对手下人说:"请把我的话传给后世的人——第一莫做,第二莫休。"他的意思是,当初参与了造反这件事,就应该坚持到底,结果中途放弃,反而害了自己。

"一不做,二不休"的说法就是这样来的。

丁丁说:"既然这样,我也一不做,二不休,等做完了作业,再去玩游戏!"

爸爸赞许地点点头。

丁丁陪你一起练

同学们,中国有很多含有"一"和"二"的成语,请你把下面的成语填写完整吧!

合（　）为（　）　　独（　）无（　）
（　）石（　）鸟　　说（　）不（　）
（　）清（　）白　　（　）清（　）楚
（　）干（　）净　　略知（　）（　）
数（　）数（　）　　（　）来（　）去

参考答案

合(二)为(一) 独(一)无(二)
(一)石(二)鸟 说(一)不(二)
(一)清(二)白 (一)清(二)楚
(一)干(二)净 略知(一)(二)
数(一)数(二) (一)来(二)去

43 三天三夜说不完
——什么事情要说三天三夜？

丁丁说："生活中，我们经常会用'三天三夜说不完'来形容要说的话非常多。这是夸张的说法吧，历史上真的有人这么能说吗？"

爸爸说："有，这个人叫淳于髡（kūn）。"随后，他给丁丁讲述了淳于髡的故事。

淳于髡是战国时期齐国著名的政治家、思想家。淳于髡非常有才华，能言善辩，他曾多次奉命出使他国，都顺利地完成了任务，展现了卓越的外交才能。

有一年，齐国遭到楚国的攻打，淳于髡出使赵国，请求赵王派兵增援齐国。赵王被淳于髡说服，派了十万精兵增援，楚军最终主动撤了兵。

淳于髡在齐国做官之前，魏国的梁惠王用重金厚礼招纳贤士，有人就向他推荐了淳于髡，说此人学识渊博、才华出众。

梁惠王两次接见淳于髡，淳于髡都是坐在一旁，一言不发，梁惠王十分不解。事后，有人向惠王解释，原来淳于髡特别善于察言观色，他之所以在接见时沉默不语，是因为发现梁惠王心神不定，应该是在思考驾车打猎、歌舞娱乐之类的事。

梁惠王听后，十分惊讶，承认第一次接见淳于髡前，恰好有人献上了一匹好马；第二次接见前，又有人进献了歌舞艺人，所以自己当时都心不在焉。梁惠王感叹淳于髡"诚圣人也"，于是再次接见了淳于髡，两人一连交谈了三天三夜也毫无倦意。

就这样，淳于髡的事迹在各国流传开来，"三天三夜说不完"的故事也经常被人们提起，后成为民间俗语。

丁丁惊讶不已，说："淳于髡的观察力太惊人了，简直就是个读心专家嘛！"

丁丁陪你一起学

下面这些成语都"非常会说话"。让我们一起来感受它们的"口才"，并从中找出其中含有贬义的成语。

滔滔不绝	信口开河	口若悬河	妙语连珠
语惊四座	侃侃而谈	伶牙俐齿	口是心非
胡说八道	能说会道	无稽之谈	出口成章

参考答案：信口开河　口是心非　胡说八道　无稽之谈

44 丁是丁，卯是卯
——丁和卯分别是什么？

趣 味 文 化 故 事

丁丁读到"丁是丁，卯是卯"这个词语时，问爸爸："丁和卯分别是什么？"

爸爸解释道："要了解这个，需要先知道什么是天干地支。天干地支是中国古代的纪年法之一，被人们用于记录年、月、日、时。天干有十个，'丁'是天干的第四位；地支有十二个，'卯'是地支的第四位。虽然都是第四位，但推算时间的时候不能混淆，'丁是丁，卯是卯'，表示不能有半点儿差错。"接着，爸爸给丁丁讲了这句俗语的由来。

"丁是丁，卯是卯"这句俗语最被人熟知的，是在中国四大名著之一的《红楼梦》里，王熙凤说："我看你利害，明儿有了事，我也'丁是丁，卯是卯'的，你也别抱怨。"意思是：现在你这么厉害，对我不通融，下次我也会"认真"对付你。

关于"丁是丁，卯是卯"，还有这么一个故事。

在隋炀帝举行的一场比武大赛中，北平王的儿子罗成脱颖而出。当时的监考官杨林见罗成武艺高强、一表人才，就想笼络他，提出认罗成做自己的干儿子。可是，罗成认为杨林是个奸臣，一口拒绝了这个要求。杨林一气之下，诬陷罗成谋反，将他送进了大牢。

观看比武的人中有一位公主。她不仅被罗成的英姿深深吸引，而且十分佩服罗成的刚正不阿，得知罗成入狱，就想救他出来。公主从宫里偷来一支令箭，当晚就带着它去大牢里救罗成。

罗成接过公主手里的令箭，认真地说："公主，您带来的是卯时令箭，拿着它只能出牢房。要想出城，必须再找到丁时令箭才行。丁是丁，卯是卯，公主千万不要弄混了。"公主听后，又想办法弄来了丁时令箭，终于救出了罗成。

现在，人们用"丁是丁，卯是卯"来形容对待事情认真仔细，一点儿也不马虎。

丁丁听完，下决心说："我也要认真仔细，不再马虎，不能给'丁'这个和我同名的字丢脸！"

丁丁陪你一起练

天干地支纪年法，是将十干的"甲、丙、戊、庚、壬"和十二支的"子、寅、辰、午、申、戌"相配，十干的"乙、丁、己、辛、癸"和十二支的"丑、卯、巳、未、酉、亥"相配，共配成六十组，用来表示年、月、日的次序，周而复始，循环使用。根据这种纪年法，2020年是庚子年，2021年是辛丑年。那么请问：2022年、2081年分别是什么年？

2022：壬寅年 2081：辛丑年

45 破天荒
——破天荒是谁破了天荒？

课间休息时，丁丁对陶陶说："你听说了吗？隔壁班的'迟到大王'今天竟然第一个到了班里！真是破天荒了！"

陶陶疑惑地说："只是早了一点到达教室，这就算捅破天荒了吗？"

丁丁说："如果生活中发生了一件我们从没见过的事情，就可以用破天荒来形容它。天荒是指世界混沌未开的原始状态，也可以理解为荒芜或未经开垦的土地。"说着，他给陶陶讲起了破天荒一词的来历。

破天荒的说法来源于唐代的科举考试。

唐朝时，朝廷举办科举考试从全国各地选拔人才。当时的科举制度是逐级选拔的，非常严格。参加考试的人先是在本地区参加考试，然后将中试者送到京城考试。

那时，荆南地区的读书人很多，但几十年来，从这里去京城参加考试的书生没有一个金榜题名的。人们都嘲笑此地是"天荒"，还把此地选送的考生称为"天荒解"。

到了唐宣宗时期，荆南地区有个叫刘蜕的考生进京赴考。刘蜕非常有才华,考官们都说他"为文奇诡岸杰,自成一家"。最终,刘蜕在众多考生中脱颖而出,中了当年的进士。

荆南地区的人得知这个消息后欣喜若狂,纷纷奔走相告,都说这是破了天荒,是头一遭的大喜事!当时,魏国公崔铉镇守荆南一带,他听说刘蜕给荆南地区争了光,就写信祝贺他,并赠予他七十万铜币的"破天荒钱"。

刘蜕的事迹传遍了全国,"破天荒"这个词也随之成为民间常用的俗语,用来形容发生了从未发生过的事。

陶陶认真地听完了故事后,笑着说:"这么说来,隔壁的'迟到大王'也有'破天荒奖'。听他说,他的爸爸高兴之余,决定周末带他去迪士尼游乐园玩呢!"

丁丁陪你一起学

科举制,是中国古代通过考试选拔官吏的制度。宋朝时,通过最高一级考试——殿试的考生,被称为进士。明清两代,殿试一、二、三名被分别称为状元、榜眼、探花,合称"三鼎甲"。

46 三句不离本行
——三句不离本行是犯职业病了吗？

趣味文化故事

爸爸从饭局回来，说："饭桌上新认识了几位音乐老师，三句不离本行，聊的都是音乐相关的事情，听得我脑袋都大了。"

丁丁安慰了爸爸后，问："他们吃饭时又不需要工作，为什么会'三句不离本行'呢？"

于是，爸爸给丁丁讲了一个古代"职业病"的故事。

从前，一个村子里有四个能说会道的人，他们的职业分别是厨师、车夫、裁缝和船夫。村子里的人只要发生了不可调和的矛盾，都会请他们去劝说。

有一次，村里有两兄弟要分家，可他们都想为自己多争取些财物，几天过去了，也没能达成一致，所以就想请这四个人去调解。这四个人觉得这件事情有些麻烦，就一起去厨师家里开会，好商量出个对策。

厨师先说出了自己的想法："我觉得咱们去调解时应该干脆利落，别到时候连锅和碗都分不清楚。"

裁缝接着说："我们调解的时候可不能偏心，要针和线都过得去才行。"

车夫胸有成竹地说："咱们以前也不是没有这样的经验，前

第五章　民谚俗语里看文化

有车，后有辙，只要别太出格就行。"

这时，船夫听不下去了，他对大家说："我看咱们别在这儿瞎猜测了，不如到了那儿见风使舵，看情况再说。"

厨师的妻子听完他们的话就笑了，说："你们几个还真是三句不离本行，卖什么就吆喝什么。"她的话刚说完，四个人都哈哈大笑。原来，厨师的妻子是卖菜的。

丁丁被逗笑了，说："为什么会这样呢？"

爸爸说："其实，这种现象屡见不鲜。人们在谈话、聊天时，总是会不自觉地联系到自己的职业，用自己职业上的习惯用语来谈论眼前的事。"

丁丁陪你一起学

现在，"三"是一个确切的数字；但在古代，它常常表示多次或多数，而不是指"三"这个具体的数字。

《论语》中的名句"三人行，必有我师焉"，就是说很多人在一起，其中肯定有我的老师，而不是真的只有三个人。我们常说的"一日不见，如隔三秋""一波三折""三番五次"等，都是用"三"表示"多"的意思。

47 一问三不知
—— 一问三不知是指不知道哪三个问题？

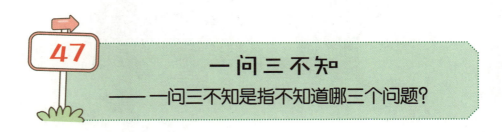

趣味文化故事

这天，丁丁上课开了小差，李老师叫他起来回答问题，他支支吾吾地答不上来。李老师叹了口气，说："你怎么一问三不知呢？"

丁丁瞪大眼睛，说："难道您提的问题有三个答案？"

李老师无奈地说："我说的'一问三不知'是句俗语。"随即，她给大家讲述了"一问三不知"的由来。

春秋时期，晋国派兵攻打郑国，郑国抵挡不住晋军的进攻，只好向齐国求救。齐国就派大夫田成子率军援郑。

晋军统帅智伯得知齐国军队来救郑国，感到十分意外。而且，他观察到齐军军容严整，心里开始犹豫起来，他对左右的部将说："齐军排列得非常整齐，士气正旺，如果交兵，恐怕是一场恶战，对我们也没有好处。我准备先撤兵。"但在撤兵的同时，智伯派人到处散布小道消息，一是挑拨郑国和齐国的关系，二是造成晋军随时准备发起进攻的假象。

这时，齐军中有个叫荀寅的人，他以为自己得到了可靠消息，想要邀功，于是立刻向田成子报告说："我从一个晋国来的人那里得知，晋军准备出动一千辆战车来袭击我们，要把齐军全部消灭。"

田成子没有轻信荀寅的话，反而责骂他说："就算晋军出动一千辆战车，我也不能避而不战。而你竟然讲出壮敌人威风、灭自己志气的话。回国以后，我要把你的话报告给国君。"

荀寅自知说话不妥当，感慨地说："君子之谋也，始、衷、终皆举之，而后入焉。今我三不知而入之，不亦难乎！"意思是，聪明人在讨论一件事情时，应该把事情的开始、发展、结果这三方面都考虑到，然后才能向上级报告。我对这三方面都不清楚，听到一点儿消息就急忙报告，怎能不碰壁呢！

几天后，晋军撤兵，田成子也率军回国。

"一问三不知"是从荀寅的话语中概括出来的。它的原意是对某一件事情的开始、发展、结果都不知道，后来逐渐变成一种做事的态度，指对什么都不知道或故意装糊涂、明哲保身。

丁丁说："'一问三不知'的后果真是不堪设想啊！"

丁丁陪你一起练

请根据提示猜成语。

1. 齐唱——（　　）
2. 卧倒——（　　）
3. 农产品——（　　）
4. 飞行员——（　　）

参考答案：1. 异口同声　2. 五体投地　3. 土生土长　4. 有机可乘

48 家有一老，如有一宝
——人为什么老了就变成宝？

丁丁问爸爸："您经常教育我'家有一老，如有一宝'，尊敬老人是我们每个人都应该做的。只是，为什么把老人比作宝贝呢？难道人老了会有什么神奇的变化？"

爸爸说："老人们生活经验丰富，总能帮我们找到解决难题的办法，难道还不算宝贝吗？"说完，给丁丁讲了这样一个故事。

传说很久很久以前，民间有一种习俗，就是老人到了六十岁，子女就会把他们送到野外的地窖里生活。孝顺的子女会每天给老人送饭，不孝的子女从此就不管老人的死活。

朝廷里有个大臣是一位孝子，他的父亲到了六十岁也照例住进了地窖，但他每天都会去给父亲送饭，并陪他聊天。

有一天，大臣送饭时忧心忡忡，父亲忙问他怎么回事。原来，皇宫里不知从哪儿跑来几只奇怪的动物，它们长着灰色的皮毛和锐利的牙齿，每天在大殿里到处啃咬，闹得皇宫不得安生。皇帝大发雷霆，让大臣们想办法消除这一祸患。可是，这些动物行动极其迅速，没人能抓得住它们。

老人听完儿子的话，笑着对他说："别担心，这是几只大老鼠。你带一只猫过去，一定能抓住它们。"

这个大臣按照父亲的嘱咐，把猫带到了皇宫。猫一被放出来，立即扑向老鼠，不一会儿就把它们全都抓住了。皇帝大喜，问这个大臣是怎么想出这个办法的，大臣就说了父亲的事。皇帝感慨道："看来老人经历多、见识广，真是个宝贝啊！"说罢，他便下令禁止遗弃老人的恶俗，要求百姓善待老人。

后来，"家有一老，如有一宝"就成为一句俗语，在民间流传起来。

丁丁听完故事后，赞同地说："有一次，我一整天都不肯吃饭，妈妈急坏了。可是外婆一眼就看出我是积食，给我按摩了一通，居然很快就好了。老人家的生活智慧有时候不得不服啊！"

丁丁陪你一起练

中国人对不同年龄的老年人都有特定的称谓。请将以下称谓和它对应的年龄用线连起来。

花甲	八九十岁
古稀	百岁
耄耋	六十岁
期颐	七十岁

参考答案：花甲——六十岁 古稀——七十岁 耄耋——八九十岁 期颐——百岁

49 两国交兵，不斩来使
——交战时，斩了来使又会怎么样？

趣味文化故事

丁丁读历史书时，提出了一个疑问："两个国家交战时，真的不会斩来使吗？"

爸爸听到后，说："一般不会。古代的信息传播不发达，使者是传递战争双方信息的重要媒介，加上使者本身的地位不高，不存在威胁性，所以斩杀来使不仅没有实际意义，反而会中断一条信息来源。"随后，爸爸讲述了"两国交兵，不斩来使"这一规则的由来。

公元前595年，楚庄王派遣大夫申舟出使齐国，并嘱咐他不要向宋国借路，以此来挑衅宋国。申舟知道，经过宋国而不向宋国借路，必定会被杀死。楚庄王说："如果宋国杀了你，我就出兵攻打宋国。"

申舟到达宋国后，果然被扣留了。宋国右师华元认为，申舟经过宋国却不向宋国借路，这是对宋国的侮辱。于是，他命人杀了申舟。楚庄王听到消息后，立即出动大军包围了宋国国都。

相持了九个月后，宋文公派出使者到晋国求援。可是，当时楚国的力量非常强大，晋景公不敢援救宋国，只是派大夫解扬为使者劝宋国坚守城池。解扬在路上被楚国抓住了。

楚庄王对解扬威逼利诱，让他对宋国说晋国根本不会出兵援救。解扬假意答应后，借着向宋国喊话的机会，却传达了晋景公让宋国坚守待援的信息。

楚庄王大怒，要杀掉他。解扬说："我答应你的条件，是为了完成国君交给我的使命。现在，我的使命实现了，情愿被你处死。"楚庄王认为解扬是个忠臣，就放他回国了。

后来，楚庄王命人在宋国建造房屋、耕种土地，表示要长期占领宋国。宋文公害怕起来，派华元为使者前去谈判。半夜，华元潜入楚军大营，劫持了楚军统帅子反，说："我是作为使者来谈判的。如果逼迫我们签订盟约，情愿举国牺牲；如果贵军撤退三十里，宋国愿意与楚国讲和。"楚庄王知道后，果真下令退兵三十里。后来宋、楚两国停战，并签订了盟约，华元则作为人质到楚国居住。

后来，这一规则逐渐演变为"两国交兵，不斩来使"，一直沿用至今。

听了这个故事，丁丁倍觉神奇，说："这个规则真是出人意料，却又在情理之中。"

丁丁陪你一起学

"两国交兵，不斩来使"，是古代战争的一种礼仪，也是从古至今的战争法规。在战争中，使者的目的只是为了传递信息，既不存在威胁性，也没有攻击性。如果杀掉这样一个手无寸铁的人，不仅没有什么实际意义，反而会在道德层面处于下风，甚至会彻底激怒对方，导致敌军死战到底。所以，出于政治、军事、礼仪等多方面的需要，大多数情况下交战双方都会遵守"不斩来使"这条不成文的规定。

挂羊头卖狗肉
——卖狗肉的为什么要挂羊头？

丁丁听到一句俗语"挂羊头卖狗肉",感到十分惊奇,问妈妈:"怎么会有人做这种傻事?挂着羊头,却卖狗肉,生意能成功吗?"

妈妈说:"这句俗语是用来比喻以好的名义做幌子,实际上却在做坏事。它源于春秋时期,跟齐国国君齐灵公有关。"

相传,齐灵公喜欢看女扮男装。当时的宫内,从宠妃到侍女都纷纷穿起男装,以博得齐灵公的喜爱。后来,这件事传到了全国各地,全国的女人纷纷效仿,都不穿女装,换上了男人的衣服。

可是,齐灵公看到全国上下都是清一色的男装时,又觉得不妥。一个国家岂能男女不分?于是,他下了一道诏令:"凡发现穿男装的女人,一律撕破衣服,当众羞辱她们。"可是,即使如此,还是有很多女人穿男装。齐灵公想不出更好的办法,十分烦恼。

有一天,齐国大臣晏婴来觐见,齐灵公把自己的烦心事讲给晏婴听。他说:"我反对女扮男装,不仅下达诏令,还派出了那么多官吏去巡查。凡在街上看到穿男装的女子,统统抓起来。这些大家都是亲眼看见的,为什么还是屡禁不止呢?"

晏婴听后,笑着说:"您可曾想过这样的问题——您在宫内不禁止女扮男装，但是在宫外却禁止，这不是挂羊头卖狗肉吗？您是让女人穿男装，还是不让呢？您自己尚且不清楚，怎么能要求百姓听命于您呢？"

齐灵公恍然大悟，赶紧又下了一道诏令："宫内女人一律不准穿男装。"果然，不出一个月，宫里女扮男装的现象便消失了。

丁丁吐了吐舌头，说："原来，历史上第一个挂羊头卖狗肉的不是商人，而是堂堂的一国之君齐灵公。"

妈妈笑着说："好在齐灵公虚心纳谏，有错就改，没有把'羊头'一直挂下去。"

丁丁陪你一起练

在中华传统文化中，除了"挂羊头卖狗肉"之外，还有一些俗语或者成语表示"表里不一"。下面是一些类似的成语，你能补充完整吗？

口是心（　　）　　两面三（　　）　　言不由（　　）
色厉内（　　）　　口（　　）腹剑　　（　　）奉阴违
（　　）而不实　　阳（　　）阴释　　外（　　）内疏

参考答案

口是心（非）　两面三（刀）　言不由（衷）　色厉内（荏）　口（蜜）腹剑　（阳）奉阴违　（华）而不实　阳（奉）阴释　外（亲）内疏

第六章

民间技艺里看文化

丁丁有话说

中国民间技艺是中华文化的重要组成部分。比如，皮影戏、口技、剪纸……这些著名的民间艺术，历史悠久，独树一帜，光彩夺目，蕴含着深厚的文化底蕴和独特魅力，堪称中华文化的瑰宝。

皮 影 戏
——皮影戏是现代电影的始祖吗？

丁丁对爸爸说："陶陶告诉我，皮影戏是现代电影的始祖。这怎么可能呢？"

爸爸却没有支持丁丁的观点，反倒说："这话其实说得没错。皮影戏起源于我国西汉时期，是世界上最早由人配音的活动影画艺术，可不就是现代电影的始祖吗？"随即，他给丁丁讲述了皮影戏背后的故事。

皮影戏又称"影子戏"或"灯影戏"，是一种用灯光源照射兽皮或纸板雕刻成的人物剪影，以表演故事的戏剧。

据记载，汉武帝刘彻自幼喜欢音乐与歌舞，著名宫廷艺人李延年的妹妹不仅对音乐颇有研究，且能歌善舞，深受汉武帝宠爱。后来，她成了汉武帝最宠爱的妃子——李夫人。

可惜，几年后，李夫人不幸因病去世了。汉武帝非常思念她，不仅以王太后礼仪安葬她，而且让画工绘制李夫人的画像后悬挂在寝宫里。后来，汉武帝对李夫人的思念之情与日俱增，竟致神情恍惚，卧床不起。

大臣们看到皇帝如此消沉，十分担忧。一天，大臣少翁出

第六章 民间技艺里看文化

门，看见有小孩拿着布娃娃在戏耍，地上的影子竟然栩栩如生。于是，少翁用棉帛裁成李夫人的样子，涂上色彩，并在人像的手脚处安了几根小木杆，使其能更灵巧地活动。

晚上，少翁撑起一块方形的帷幕，请汉武帝在远处观看。当帷幕里面点亮蜡烛时，"李夫人"果然出现在了帷幕上。只见她轻移莲步，缓缓地从一边走向另一边，只是脸一直朝着里边。汉武帝一看见李夫人这熟悉的身姿，又惊又喜，就此对这个物品爱不释手。

实际上，少翁表演的就是皮影戏，汉武帝看到的"李夫人"就是投射到帷幕上的影子。后来，这个故事被载入《汉书》，被认为是皮影戏的渊源。

丁丁说:"为什么现在很少看到皮影戏了呢?"

爸爸感慨道:"在过去还没有电影、电视的年代,皮影戏曾是十分受欢迎的民间娱乐活动之一。在今天这样快节奏的社会,传统的皮影戏在很多方面都存在着不可避免的局限性,自然就比较少见了。"

丁丁陪你一起学

孝义皮影戏是我国皮影戏的重要流派之一,它因流行于山西省孝义市而得名。据记载,孝义皮影戏起源于孔子的得意门生子夏。子夏在孝义讲学时,夜间常常通过"影乐"的方式宣讲自己的观点。受他的影响,当地人也逐渐地掌握了表演"影乐"的方法,随着时间的推移,这种教学形式在当地演变为影戏,这就是最早的孝义皮影戏。

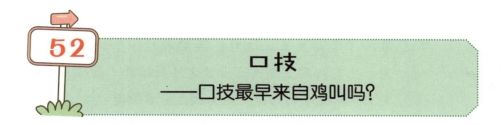

52 口技
——口技最早来自鸡叫吗?

趣 味 文 化 故 事

六一儿童节，学校举办文艺汇演。有一位高年级的男生模仿了鸡、驴、马等动物的叫声，惟妙惟肖，给丁丁留下了深刻的印象。他问李老师："口技这种技艺一开始就是为了表演吗？谁是第一位口技师？"

李老师说："有关口技最早的记录，来自《史记》中的一个故事。"

战国时期，齐国有一个叫田文的贵族，号孟尝君，他是"战国四君子"之一，博学多才，非常喜欢招揽门客。据说，他门下的宾客多达三千人。当时，秦昭襄王求贤若渴，听说孟尝君是个人才，就命人把孟尝君请到了秦国。经过一番交流，秦昭襄王发现孟尝君果然是个贤士，就决定任命他为相国。

秦国的大臣们认为，孟尝君是齐国人，肯定不会对秦国忠诚。秦昭襄王没办法，只好罢免了孟尝君，并将孟尝君软禁起来。孟尝君托人找到秦昭襄王宠爱的妃子，让她去说服秦昭襄王放自己回齐国。

妃子听说孟尝君有一件价值千金的白狐裘，便提出以这件白

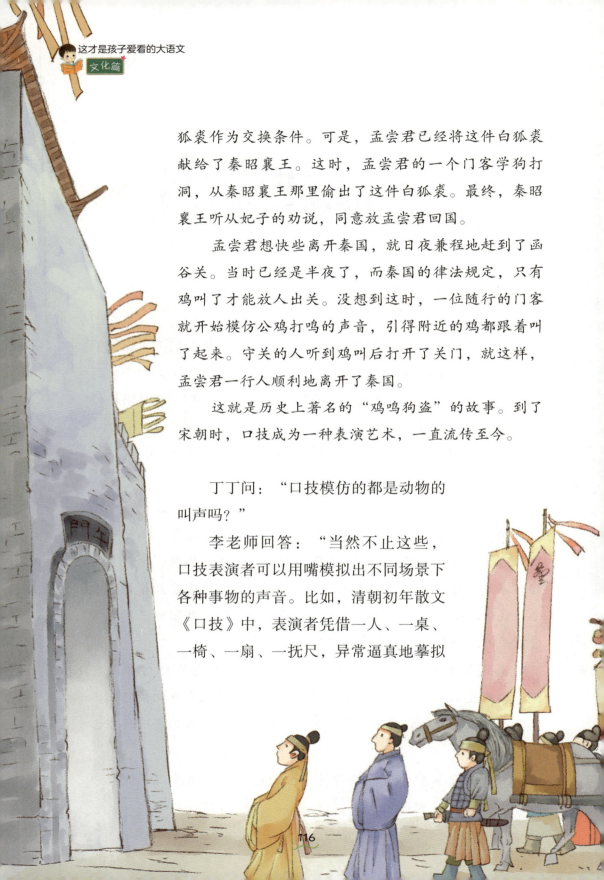

狐裘作为交换条件。可是,孟尝君已经将这件白狐裘献给了秦昭襄王。这时,孟尝君的一个门客学狗打洞,从秦昭襄王那里偷出了这件白狐裘。最终,秦昭襄王听从妃子的劝说,同意放孟尝君回国。

孟尝君想快些离开秦国,就日夜兼程地赶到了函谷关。当时已经是半夜了,而秦国的律法规定,只有鸡叫了才能放人出关。没想到这时,一位随行的门客就开始模仿公鸡打鸣的声音,引得附近的鸡都跟着叫了起来。守关的人听到鸡叫后打开了关门,就这样,孟尝君一行人顺利地离开了秦国。

这就是历史上著名的"鸡鸣狗盗"的故事。到了宋朝时,口技成为一种表演艺术,一直流传至今。

丁丁问:"口技模仿的都是动物的叫声吗?"

李老师回答:"当然不止这些,口技表演者可以用嘴模拟出不同场景下各种事物的声音。比如,清朝初年散文《口技》中,表演者凭借一人、一桌、一椅、一扇、一抚尺,异常逼真地摹拟出一组有节奏、有连续性的生活场景，最后模仿出的大火灾情形，甚至吓得宾客以假为真，仓皇欲逃。"

丁丁陪你一起学

口技的起源，最早可以追溯到远古时期。当时，人类依靠打猎为生，为了引出猎物，猎人们通常会模仿鸟兽的声音，动物们听见同类的声音，很快就会跑出来。人们有时还会模仿野兽的吼叫声，来驱逐或恐吓凶猛的动物。有人认为，这些模仿动物发出的声音，其实也是人类早期的一种语言。

53 双簧
——双簧只能由姓黄的人来表演吗?

趣 味 文 化 故 事

丁丁一家人一起去看演出,有个双簧节目很有趣。表演时,前面的一个演员表演动作,藏在后面的一个人或说或唱,互相配合,在观众看来,就像前面的演员在自演自唱一样。

丁丁看得津津有味,结束后,问爸爸:"那两个人都姓黄吗?不然这个节目为什么叫双簧?"

爸爸说:"相传,'双簧'这个名字还真的与'黄'姓有关呢。"说着,他给丁丁讲述了"双簧"的来历。

双簧是源于北京的一种曲艺名称,起源于清朝。当时,慈禧太后很喜欢听戏,经常命人从宫外找来一些著名的戏剧、杂曲演员进宫表演。其中,有个叫黄辅臣的人,很擅长表演滑稽戏。这种戏诙谐有趣,慈禧太后很喜欢看。

有一次,慈禧太后又命人请黄辅臣进宫表演。当时,黄辅臣已经老了,而且不巧的是黄辅臣

的嗓子出了毛病,声音变得嘶哑难听。如果这时候去表演,效果肯定不好,万一惹怒了慈禧,他全家人都没有好下场。

可是,违抗太后的命令同样会招来杀身之祸。这可怎么办呢?他苦思冥想了一番,最终决定让儿子和自己一起进宫。

表演时,黄辅臣坐在一张凳子上,绘声绘色地说着自己准备好的台词,只不过他没有真的出声,声音是由藏在椅子后的儿子发出的。黄辅臣根据儿子的声音对着口形表演,没想到这样一来他显得更加滑稽了,慈禧太后和大臣们看了都捧腹大笑。表演结束后,慈禧太后不仅没怪罪他,还开玩笑说:"你俩这叫双黄啊!"

丁丁说:"这样的表演方式,反倒大大增加了喜剧效果呢!"

爸爸说:"从此,这种表演就成了一门独立的曲艺形式,被大家叫作'双黄'。后来,'双黄'的演出形式越来越丰富,名字也逐渐衍变成'双簧'。如今,双簧仍然活跃在艺术舞台上,多出现于相声中。"

丁丁陪你一起学

简单来讲,双簧就是一人在前面演,另一人在后面说,说的人不能演,演的人不能说。和其他戏种相比,双簧戏更加诙谐、活泼,在表现形式上也别具特色。

小朋友,请你根据双簧戏的特点,写一个双簧段子,然后试着和爸爸或者妈妈一起表演。

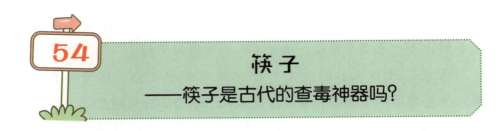

趣味文化故事

筷子，是我国古代非常具有民族特色的一种餐具，在世界各国的餐具中独树一帜，是中国的国粹，被西方誉为"东方的文明"。

丁丁问爸爸："筷子有多久的历史？是谁发明的？"

爸爸说："据史料记载，早在公元前11世纪的商代就已出现由象牙制造的筷子，距今已有3 000多年的历史。至于筷子的由来，民间有很多传说，其中一个与姜子牙有关的传说广为流传。"

相传，周朝开国元勋姜子牙年轻时整天无所事事，沉迷于用直钩钓鱼，家境十分贫寒。他的妻子非常生气，想另嫁他人。

一天，姜子牙又两手空空回到家中，妻子连忙叫他吃饭，姜子牙确实非常饿，伸手就去抓肉吃。这时，窗外飞来一只小鸟，啄了他一下，他赶紧把小鸟赶走了，回头又去抓肉吃，小鸟又飞回来啄他。接连好几次，他一抓肉，小鸟就啄他。

姜子牙顿时犯疑了，心想："莫非这肉有问题，这小鸟知道，所以不让我吃？"突然，他看见小鸟往外飞，姜子牙也跟着出去了。小鸟飞到山坡上，在一枝竹梢上停下，对姜子牙说："吃肉不可以用手抓，要用我脚下的竹子。"

姜子牙就把竹子做成了竹棍，回到家里后，开始用竹棍夹肉，竹棍刚一接触肉就冒出一股青烟，这时他才知道肉里有毒。姜子牙假装不知放毒的事，说："肉怎么会冒烟，难道有毒？"说着，他就夹起肉向老婆嘴里送去。老婆吓得脸都白了，赶忙逃出门去。

从此，姜子牙吃饭时都用这两根竹棍夹食物。此事传出去后，大家都开始效仿他用竹棍吃饭，后来效仿的人越来越多，用竹棍（也就是今天的筷子）吃饭的习俗也就一代代传了下来。

丁丁说："原来，在筷子以前，人们是用手抓食物吃的啊！这种吃法不仅容易烫手，还不卫生。"

丁丁陪你一起学

古时候，人们普遍称筷子为"箸"。后来，吴中地区的人们经常行船，忌讳说"翻"和"住"，而"箸"与"住"谐音，"住"有停止的意思，不吉利，于是就改"箸"为"快儿"。由于筷子大多是由竹木制成，就在"快"字上加个"竹"字头，成了"筷"。这就是筷子名称的由来。

55 舞 龙
——舞龙是会跳舞的龙吗？

趣 味 文 化 故 事

丁丁和爸爸走在街上，看到一家店前围了一大群人，走上前去，原来是新店开张，有几个人在舞龙庆祝，表演者配合默契，两条龙不停地变换不同的姿势，人群中不断发出喝彩声。

丁丁问爸爸："为什么庆祝时要舞龙呢？"

爸爸回答道："舞龙俗称'玩龙灯'，是我国传统民俗活动之一，每逢热闹喜庆的节日，人们都会舞龙庆祝。舞龙起源于汉代，最初是一种祭祀祖先、祈求甘雨的仪式，人们用舞龙祈祷龙的保佑，以求得平安和丰收，后来逐渐成为一种文娱活动。关于舞龙的来历，民间有这样一个传说。"

相传，龙王住在海底的龙宫，谁也没有见过他。有一天，龙王生病了，不知是什么原因，他的背突然疼痛难忍，龙宫里的医师们想尽了法子也没能缓解龙王的痛苦。没有办法，龙王只能去人间寻医问药，希望能解除身上的病痛。于是，他乔装打扮成一个老人的样子来到了人间。

龙王走进一家药铺，向大夫描述了自己的病症。大夫让龙王伸出手为他诊脉。这位大夫的医术极高，他一摸就发现了龙王的脉象有异，不似常人，便对龙王说："你不是凡人。"龙王大吃一惊，对这位大夫佩服得五体投地，便告诉了他自己的真实身份。

于是，大夫让龙王变回真身，然后从龙王的龙鳞下揪出了一条蜈蚣。龙王顿时倍感轻松，病痛立马就消除了。为了感谢大夫医好自己的病，龙王就告诉大夫："舞龙可以带来好收成。"

后来，这件事在民间传开，人们开始在每年春天举行舞龙表演，祈求龙王给人间带来好收成。

丁丁还有些不解，问："为什么舞龙可以带来好收成？舞别的就不行吗？"

爸爸说："自古以来，龙就是中华民族崇拜的图腾，古人把龙看成能行云布雨、消灾降福的神奇之物。现在凡是有华人居住的地方都把龙作为吉祥之物。节日时人们舞龙，与中华民族对龙的崇拜是分不开的。"

丁丁陪你一起学

相传，我国原本没有狮子。汉章帝时，西域大月氏向汉朝进贡了一头狮子，使臣扬言：若有人能驯服它，就臣服汉朝并向汉朝进贡，否则便断绝邦交。不料，在驯服的过程中，狮子狂性发作，被宫人乱棒打死。后来，两个宫人剥下狮皮，一个人装扮成狮子，一个人逗引起舞，此举不但骗过了汉章帝，就连大月氏使臣也信以为真。此事传到民间后，人们都认为舞狮是吉祥的象征，纷纷模仿而表演狮子舞。后来，舞狮逐渐成为我国的传统民俗文化活动之一。

56　剪纸
——最早的剪纸竟是撕出来的？

妈妈拿来一张红纸，飞快地挥舞着剪刀，不一会儿就剪出了一只憨态可掬的小老虎。丁丁看呆了，说："简直像魔法一样！这是怎么做到的？"

妈妈说："这叫'剪纸'，又称刻纸，是一种以纸为加工对象，以剪刀或刻刀为工具进行创作的民间艺术。相传，剪纸艺术的历史可追溯到周成王'桐叶封弟'的故事。"

公元前1043年，周武王姬发去世后，周成王姬诵即位。当时，姬诵尚年幼，由其叔父周公旦摄政。姬诵从小就与弟弟叔虞的感情非常好，他们经常在一起玩耍。

一天，姬诵和叔虞在一棵梧桐树下玩耍。姬诵一时兴起，随手捡起一片桐叶，削成一个玉圭的形状递给叔虞，开玩笑说："这个玉圭是我送给你的，我要封你做诸侯。"叔虞十分高兴，就拿着这个用梧桐叶做成的"玉圭"，跑去将此事告知了周公。

周公听了叔虞的话，立刻赶到宫中去向姬诵道贺。不料，姬诵早把这件事忘得一干二净了。周公解释道："我刚才听叔虞说，大王已经封他做诸侯，这样大的事情，我怎么能不赶来道贺呢?"姬诵听后,笑着说:"我只不过是跟他开个玩笑而已。"

姬诵刚一说完,周公立刻正色说:"大王身为天子,怎可拿如此大事随意开玩笑呢?倘使您总是罔顾信义,如何让天下的臣民信赖呢?"

姬诵听完周公的话,深感惭愧,于是就把唐国封给了叔虞。

"桐叶封弟"的故事传开后,人们纷纷将"剪

桐"作为分封的代称。同时，由于将树叶削成玉圭形状的行为，已近乎剪纸的造型艺术了，因此也有人将"剪桐"视为剪纸的起源。至今，民间仍有手工"撕纸"这一艺术形式。

丁丁说："看来，当权者应言而有信、谨言慎行。这一点要从小孩子就抓起。"

丁丁陪你一起学

剪纸不仅是一种优秀的民间技艺，还是一种文化载体。古代文人的作品中随处可见剪纸的身影。读一读下面的诗句，一起来感受一下剪纸的风采吧！

1. 暖汤濯我足，剪纸招我魂。（唐·杜甫《彭衙行》）

2. 镂金作胜传荆俗，翦彩为人起晋风。（唐·李商隐《人日即事》）

3. 疏流似剪纸，决壅同裂帛。（唐·白居易《自蜀江至洞庭湖口有感而作》）

4. 剪纸铺平江，雁飞晕字双。（宋·王子俊《长风纸平渡》）

第六章 民间技艺里看文化

57 七巧板
——七巧板是来自中国的拼图吗？

趣味文化故事

丁丁在数学课上接触到了中国传统智力玩具——七巧板。他发现只要变换七块板子的位置，就可以拼出小鸟、海豹、火箭等，回家后玩得不亦乐乎。

爸爸看到后，对丁丁说："你知道吗？七巧板是由一种古代的家具演变而来的。"随后，他给丁丁讲述了七巧板的出处。

宋朝时，有一个叫黄伯思的人，特别喜欢请别人到自己家里做客，可是人一多家里就坐不下了。于是，他设计了一种用六张长短不一的小桌子组成的大桌子，并为其取名"燕几"，意思就是请客吃饭的小桌子。

黄伯思再请朋友吃饭时，就用燕几来招待他们，人多的话就把六张小桌子全用上，人少的话只用其中的两三张小桌子就可以了。黄伯思设计的燕几就像现在的组合家具，可以拆开，也可以组合在一起，还可以拼成各种形状和图案。

后来，有人把六张小桌子组成的燕几，改进为由七张小桌组成的燕几，可以根据吃饭人数的不同，把小桌子拼成不同的形状，比如有三个人就拼成三角形，四个人就拼成四方形，六个人就拼成六边形……用餐时每个人都很方便。

明朝时，有一个叫尹澄的人，又将燕几进行了改良，设计出一种由十三件不同的三角形小桌子组成的蝶几，拼在一起就像一只蝴蝶在扇动翅膀，因此得名蝶几。

再后来，有人在燕几和蝶几的基础上，设计出一种只有七块小板的拼图玩具，十分好玩，被称为七巧板。到了明末清初的时候，连皇宫里的人都经常用七巧板拼成各种吉祥的图案和文字，来庆贺节日和娱乐消遣。

18世纪时，七巧板传到了国外，受到了人们热烈的欢迎，人们给它取了一个英文名"tangram"，翻译过来就是"唐图"，即"来自中国的拼图"的意思。

丁丁赞叹道："古人的智慧真是无穷无尽，让人受益无穷！"

近百年来，西方各国都有专门研究七巧板的书籍问世。至今，英国剑桥大学的图书馆里还珍藏着一部《七巧新谱》。1815年，法兰西第一帝国皇帝拿破仑兵败滑铁卢，被流放到南大西洋的圣赫勒拿岛。据说，他随身携带的物品中，就有一副他经常玩的七巧板。在被幽禁的日子里，拿破仑经常以玩七巧板为乐。

58 风筝
——风筝是世界上最早的飞行器吗？

趣味文化故事

一个夏天的晚上，丁丁和妈妈一起在公园散步，天空中飞着几只五彩斑斓的风筝。丁丁着迷地欣赏了一会儿，问妈妈："风筝和飞机，谁更早出现呢？"

妈妈说："我们都知道，飞机的发明者是美国的莱特兄弟。但是，世界上最早的'飞行器'其实是我国发明的风筝。风筝在我国已有2 000多年的历史。据考证，最早的风筝并不是玩具，而多用于军事领域。"

历史上有很多关于风筝应用在军事上的逸事。相传，在楚汉相争的最后阶段，刘邦率领汉军包围了楚军营地，汉军谋士张良借助蒙蒙大雾，从高山上放起用丝绸制成的大风鸢，并让吹箫童子骑坐在大风鸢上，吹奏楚地的民歌，同时命令汉军在四周不停地唱楚歌，使得楚军上下军心涣散，最终楚军大败，项羽自刎于乌江边。这就是关于张良"吹散楚王八千子弟兵"的传说。

正史中也有关于风筝的记载。据《新唐书》记载，唐德宗时期，魏博节度使田悦带领叛军围攻临洺（在今河北永年），情形十分危急。守将张伾（pī）绞尽脑汁，最终决定用风筝传递军情，搬请救兵。幸运的是，虽然风筝在经过叛军阵地时遭到乱箭攒射，但还是顺利地把求救信送到了援兵那里。友军将领马燧得到消息后，立刻统率大军前来解围，最终打败了田悦，被围的将士得以死里逃生。足见，在我国古代，人们对风筝的利用水平已经十分高。

风筝的功能由军事转向娱乐是从唐朝中期开始的。当时，由于造纸业的发达，民间开始用纸来裱糊风筝，称为"纸鸢"。晚唐时，有人别出心裁地把竹笛系在纸鸢上，纸鸢飞上天以后被风一吹，就会发出呜呜的叫声，好像筝的弹奏声，人们便将"纸鸢"改称"风筝"，一直沿用至今。

听完故事，丁丁仰望着天空中的风筝，向往地说："真想体验一下风筝在空中飞翔的感觉！该有多自由啊！"

丁丁陪你一起学

548年，南朝梁将领侯景发动叛乱，549年梁武帝萧衍被围在梁都建康（今江苏南京），内外联系断绝。将军羊侃在城里放纸鸦，想借纸鸦送出求援诏书，以召集援兵。不料，纸鸦被侯军误为妖术而射落，求援因此失败。这是人们将纸鸦用于传递军事情报的开始。这里的"纸鸦"指的就是风筝。

青花瓷
——明明是蓝花为何叫"青花瓷"?

趣味文化故事

朋友送给妈妈一个精致的景德镇青花瓷。丁丁看到后,产生了一个疑问:"这个青花瓷明明是蓝色的,为什么不叫'蓝花瓷',而偏偏叫'青花瓷'?"

妈妈说:"这里面有一个动人的传说。"说完,她给丁丁讲述了一个关于青花瓷的故事。

相传,元代早期多为刻瓷,并没有瓷上绘画的工艺。当时,有一个名叫赵小宝的刻花工匠,他的未婚妻名叫廖青花。一天,青花见小宝整日刻瓷,非常辛苦,就萌发了让他在瓷坯上画瓷的想法。小宝告诉她:"关键要找到一种适合画瓷的颜料。"青花暗下决心,一定要找到这种颜料。她央求舅舅带她进山找矿。最终,舅舅耐不住青花的软磨硬泡,答应带她进山。

秋去冬来,青花和舅舅还未归来,小宝放心不下,便冒着鹅毛大雪直奔青石山。他走了三天三夜后,山谷里的一缕青烟让他燃起了希望。在一座倒塌了的炭窑里,小宝找到了昏倒在柴火堆旁的舅舅。舅舅苏醒后用手指向山顶,让小宝赶紧去接青花。小宝顺着舅舅指的方向,拼命朝山顶跑去,但他看到的却是青花早已冻僵的身体。她身旁的雪地上，还堆着一堆已选好的石料。

小宝含着泪水回到镇上，从此潜心研制画料。他将青花采挖的石料研成粉末，配成颜料，用笔蘸饱画到瓷坯上，经高温焙烧后，瓷器上出现了青翠欲滴的蓝色花纹。后人为了纪念廖青花，把画在瓷器上的这种蓝色花纹称为"青花"，把描绘的彩料称为"青花料（廖）"，一直沿用至今。

丁丁说："这只是个传说吧，真正的命名原因是什么呢？"

妈妈说："其实，'青花瓷'的命名与我们的传统文化有很大关系。在我国古代，青色是一个抽象的概念，包括蓝色、绿色和黑色。比如青天、青草、青丝在这里分别代表蓝、绿、黑色。所以，古人把蓝花瓷叫作青花瓷也就不足为怪了。另外，中国人讲究炼字，注重文采。叫蓝花瓷过于直接，又无美感，而叫青花瓷既不失准确，又诗意十足，因此'青花瓷'的名字也就传播开来了。"

丁丁陪你一起练

请你把下面这些与颜色有关的成语补充完整。

五（　　）十（　　）　　　五（　　）六（　　）

五彩（　　）（　　）　　　花（　　）柳（　　）

黑白（　　）（　　）　　　青（　　）皂（　　）

参考答案：五（光）十（色）　五（颜）六（色）　五彩（缤）（纷）　花（红）柳（绿）　黑白（分）（明）　青（红）皂（白）

60 孔明灯
——人们放孔明灯是为了祈福吗?

趣味文化故事

元宵节这天,丁丁和妈妈一起到江边放孔明灯。

丁丁兴奋地问妈妈:"孔明灯制造出来,就是为了祈福吗?"

妈妈说:"有啊,孔明灯又叫'天灯',在古代多用于军事。相传,孔明灯是由三国时期蜀汉丞相诸葛亮发明的。"说着,她为丁丁讲述了孔明灯的故事。

当年,诸葛亮被司马懿率领的魏国军队围困在平阳(今湖北郧西),蜀汉将士怎么也想不出解救他的办法,全军上下急得团团转。诸葛亮知道,现在只能自救,外面的援军把自己救出的可能性微乎其微。

于是,他想出了一条妙计,命人找来一些白纸,糊成了许多灯笼,然后在里面点上烛火,拿到空旷的地方施放。这些纸糊的灯笼在灯内受热空气浮力的带动下,一个接着一个都飘到了空中,越飞越高。

这时,将士们开始大声呼喊:"诸葛先生坐着天灯突围啦!诸葛先生坐着天灯

突围啦！"司马懿看见这些天灯向远处飞去，信以为真，带着大队人马朝灯笼飘走的方向追去。就这样，诸葛亮顺利脱险。

不过，也有人说是因为诸葛亮算准了风向，并且把求助的信息写在了天灯上，在蜀将士得到消息后把他救出去的。为了纪念神机妙算的诸葛亮，后世就称这种灯笼为"孔明灯"。一种说法认为，因为诸葛亮字孔明，这种灯笼是诸葛亮发明的，因此得名"孔明灯"；另一种说法认为，因为这种灯笼的外形特别像诸葛亮的帽子，所以被称为"孔明灯"。

后来，孔明灯得到了人们的喜爱，每逢喜庆节日人们就放孔明灯，不仅能增加喜庆和欢乐气氛，而且寄托着人们的美好愿望。

故事讲到尾声，丁丁和妈妈的孔明灯越飞越高，消失在遥远的夜空，好像去星星家串门去了。

"再见了，我心爱的孔明灯。"丁丁依依不舍地说。

诸葛亮（181—234年），字孔明，人称"卧龙"，琅邪（yá）阳都（今山东沂南南）人，三国时期蜀汉丞相，杰出的政治家、军事家、文学家、书法家和发明家。相传曾发明木牛流马、孔明灯等。诸葛亮一生"鞠躬尽瘁、死而后已"，是中国传统文化中忠臣与智者的代表人物。

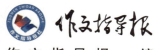

作文指导报 编

这才是孩子爱看的大语文

学语文，就要靠积累！

写作篇

北京理工大学出版社

版权专有 侵权必究

图书在版编目（CIP）数据

这才是孩子爱看的大语文. 写作篇／作文指导报编. —北京：北京理工大学出版社，2022.9
　ISBN 978-7-5763-1435-9

Ⅰ.①这… Ⅱ.①作… Ⅲ.①作文课－小学－教学参考资料 Ⅳ.①G624.203

中国版本图书馆CIP数据核字（2022）第110497号

出版发行　／　北京理工大学出版社有限责任公司
社　　址　／　北京市海淀区中关村南大街5号
邮　　编　／　100081
电　　话　／　（010）68914775（总编室）
　　　　　　　（010）82562903（教材售后服务热线）
　　　　　　　（010）68944723（其他图书服务热线）
网　　址　／　http://www.bitpress.com.cn
经　　销　／　全国各地新华书店
印　　刷　／　雅迪云印（天津）科技有限公司
开　　本　／　710毫米×1000毫米　1/16
印　　张　／　9　　　　　　　　　　　　　　　责任编辑／时京京
字　　数　／　100千字　　　　　　　　　　　　文案编辑／时京京
版　　次　／　2022年9月第1版　2022年9月第1次印刷　责任校对／刘亚男
定　　价　／　198.00元（全6册）　　　　　　　　责任印制／施胜娟

图书出现印装质量问题，请拨打售后服务热线，本社负责调换

前言 Preface

丁丁的大语文奇妙游

丁丁是实验小学的一名小学生,他从小热爱阅读,知道很多同龄人不知道的知识,所以同学们都喜欢叫他"小博士"。可是,正当丁丁为此欣喜之时,现实却给了他当头一棒。这是为什么呢?

原来,新学期开始后,丁丁发现:随着年级的升高,语文学习的范围迅速扩大了,有复杂难辨的汉字、不明来历的词语、难懂的古文和诗词,还有种类逐渐增多的作文……他常常对着书本上密密麻麻的汉字发呆:"最早的汉字是从什么时候开始的?古代小学生的课本长啥样?古人没有手机、电脑,他们最早的通信工具是什么,又是怎么传递消息的呢?……"

这些稀奇古怪的想法,就像一只只小蚂蚁一样,在丁丁的头脑中爬呀爬,搅得他寝食难安。丁丁积累的知识开始不够用了,当同学们再来向他请教时,他开始支支吾吾,不能自信地说出答案了。

"吾生也有涯,而知也无涯。"丁丁内心里非常焦虑,想着想着,不由得叹了一口气,"唉,再这样下去,'小博士'的名号可就保不住了。这可该怎么办呢?"

于是,经过深思熟虑,丁丁将自己的烦恼写进信里,寄给了《作文指导报》的编辑姐姐。很快，编辑姐姐的回信就到了。在信中，编辑姐姐指出，语文学习重在熏陶渐染，贵在日积月累，不可能一口吃成个胖子，所以千万不能急功近利。

针对丁丁提到的语文学习难点，编辑姐姐给出了自己的建议：小学语文的学习重点集中在汉字、词语、古文、诗词、文化、写作等几个方面，这些内容看似相通，实际上学起来颇有技巧。比如，学习汉字和词语时，多探寻它们的起源，可以记得更准确；学习诗词时，多了解作者的写作背景，对理解和记忆大有帮助；写作遇到困难时，发现自己的具体问题，才能对症下药……

在信的末尾，编辑姐姐强调，语文学习并不局限于课堂和书本，它来自生活，每时每刻都与我们相伴，只要有一双善于发现的眼睛，生活中处处是课堂。同时，编辑姐姐为丁丁策划了一场说走就走的大语文奇妙游，来帮助他解决在阅读和学习中遇到的问题。

读完信后，丁丁像吃了定心丸一样，一边继续如饥似渴地阅读，积累语文知识；一边在生活和学习中处处留心，凡事都要多问几个为什么。看到丁丁这副不达目的誓不罢休的气势，身边的亲朋好友也被他感染了，纷纷向他伸出了援手。

小朋友，你想知道丁丁会经历一场什么样的奇妙游吗？快快打开本书，让我们一起出发，去见证奇迹吧！

目录 CONTENTS

第一章 谁是最可爱的人
——让人物描写更有特点

01 介绍真实的我
　　——借助典型事例表现人物形象 /002
　　我给自己画张相 /004

02 王骁心中的疑惑
　　——为情节增添戏剧色彩 /006
　　妈妈变成了一棵青菜 /007

03 添加"防伪标识"
　　——让外貌描写更传神 /009
　　我的好朋友 /012

04 我都捂住右耳朵啦
　　——妙用细节描写来刻画人物 /013
　　小书迷 /015

05 写写身边的小伙伴
　　——确定人物写作的主题 /017
　　我的小伙伴 /019

06 我敬佩的一个人
　　——写好"精神"更有效 /021
　　他值得我敬佩！ /022

这才是孩子爱看的大语文 写作篇

第二章 把故事讲好
——叙事不再难

07 七嘴八舌议趣事
　　——"童年趣事"要突出"趣" /026
　一张"假币" /028

08 书写爱的故事
　　——把事情写具体，表达真情实感 /030
　妈妈的爱 /032

09 说说自己的心里话
　　——抓住重点，把事情写清楚 /034
　妈妈，请打开你的"鸟笼" /036

10 五彩苹果讨论会
　　——用日记写出生活的情趣 /038
　第一次炒菜 /039

11 感动常在心间
　　——选材要"新"，表达要"真" /041
　生活中的一个小镜头
　　——记一件令我感动的事 /042

12 生活中的新发现
　　——有条有理，层层推进 /044
　"花花"拱墙的秘密 /045

目录

第三章 神奇动物在哪里
——教你写活小动物

13 快乐果当被告
　　—— 抓住突出的特征仔细刻画 /048
　小鹌鹑醉酒 /049

14 选择谁来担当主角？
　　—— 动作"放映"，让动物活起来 /051
　馋嘴的小松鼠 /053

15 动物小魔咒
　　—— 直抒情感，写出自己的喜爱之情 /055
　小乌龟小绿 /058

16 梁老师的习作学堂
　　—— 仔细观察，写好生活中的新发现 /060
　蚯蚓的"再生术" /061

17 他能读懂小动物的心！
　　—— 写小动物不妨用点"读心术" /063
　虎子 /066

18 给小动物设计名片
　　—— 以第一人称写小动物 /068
　熊猫兔 /070

这才是孩子爱看的大语文
写作篇

第四章 植物大狂欢
——植物描写有奇招

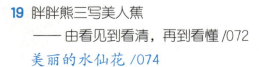

19 胖胖熊三写美人蕉
　　—— 由看见到看清，再到看懂 /072
　　美丽的水仙花 /074

20 绿树村边合
　　—— 抓住树木的不同特征展开描写 /076
　　银杏树 /077

21 会开碰碰车的花
　　—— 写景物要交代清楚方位顺序 /079
　　顽强的牵牛花 /080

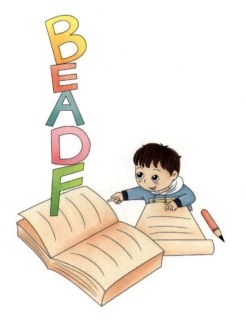

22 让水果走进课堂
　　—— 在生活中体验，在体验中写作 /082
　　家乡的杨梅 /085

23 感悟生命的真谛
　　—— 让自然万物鲜活起来 /087
　　爬山虎 /089

24 不一样的"喇叭"
　　—— 认真观察，准确描写 /091
　　含羞草"害羞"啦 /093

目录

第五章 我们写生去
——聊一聊风景

25 校园里的一处景物
—— 情景结合，按顺序描写 /096
校园的水杉 /097

26 我的春游建议
—— 多角度描写，将美景呈现出来 /099
春游建议 /100

27 拍张"风景照"
—— 巧用修辞手法描写风景 /102
家乡的小河湾 /104

28 人物来点缀
—— 美景更生动 /106
美丽的小湖 /108

29 你去过哪里
—— 写一篇游记 /109
游览古堰画乡 /111

这才是孩子爱看的大语文
写作篇

第六章 写作没进步？
——掌握技巧才好办

30 自由习作不"自由"
　　——有详有略，千万别记流水账 /114
　　看日出 /116

31 作文开头不再难
　　——运用倒叙手法构思作文 /118
　　记忆中那一抹绿 /121

32 比喻"五线谱"
　　——巧用比喻描摹形态 /123
　　秋天的树叶 /125

33 聆听世界的声音
　　——运用拟声词描写声响 /127
　　大自然的声音 /129

34 "想象号"列车开动
　　——想象内容要具体 /131
　　我在昆虫王国上学 /133

第一章

谁是最可爱的人
——让人物描写更有特点

丁丁有话说

在我们眼中,妈妈温柔又全能,爸爸有"大嗓门",奶奶贴心又唠叨,爷爷总是一副笑眯眯的模样,小伙伴们或文静或活泼……总之,身边每一个人在我们心里都是独一无二的,包括我们自己。下面,让我们跟着老师的脚步,掌握好人物写作的要领,用文字记录下这些可爱可亲的人吧!

01 介绍真实的我
——借助典型事例表现人物形象

梁庆梅

蓝猫龙骑团又迎来了"习作支招小喇叭"的广播时间。瞧，啦啦博士登场啦！

啦啦博士： 大家好！今天我给大家带来的妙招是"如何向别人介绍自己"。

炫迪： 哇，太好了，您快说说该怎么介绍自己吧！

啦啦博士： 世界上没有两片相同的树叶，同样的道理，世界上没有两个一模一样的人。要想让别人更好地了解你，就一定要抓住自己的特点来写。这个特点可以从自己的年龄、外貌、语言、动作、兴趣爱好、生活习惯等诸方面去考虑。一个人的特点是多方面的，写作时，我们应根据中心思想有所选择地写。

蓝猫： 作文一开始我们先向别人简单介绍一下自己，如姓名、性别、年龄等，可以吗？

啦啦博士： 完全可以。将个人的基本信息简单介绍后，就要写写自己的外貌特征，因为外貌是给人留下的第一印象，而外貌有特点的人往往能给别人留下更深刻的印象。描写外貌之前，可以先照照镜子，认真观察一下自己的容貌、身材特征，也可以问一问父母或伙伴。可以从五官容貌、身高、体重、穿着打扮等几方面挑选最有特点的来写，如一位同学这样介绍自己的外貌：

人家都说我是由几个圆形组成的，就连手指也是圆的。如果把我的眼珠比作两汪清水，那中间不是高山而是田埂。红扑扑的圆脸上有一张嘴唇厚厚的嘴，一笑起来就露出一排洁白的牙齿。因为我头大，小时候别人还给我编了首儿歌——大头大头，下雨不愁；人家有伞，我有大头。但我那宽阔的肩只要穿上衣服，就跟戴上了厚厚的垫肩一样，总算弥补了头大的缺陷。我的胸厚跟肩宽差不多，两条粗壮的腿走起路来显得非常有力，一双大脚穿爸爸的鞋正合适。

看了这段介绍，一个胖乎乎的可爱男孩子仿佛站在了我们面前，而他那幽默风趣的语言也让我们觉得十分亲切。

淘气：我觉得描写自己的外貌特征固然重要，但习作的重点应是抓住性格特点或兴趣爱好来写，对吗？

啦啦博士：是的。俗语道"百人百性"，有的人活泼开朗，有的人温柔恬静，还有的人勇敢倔强……每个人的兴趣爱好也不一样，有的人喜欢体育活动，有的人喜欢读书看报，还有的人喜欢唱歌跳

舞……这些特点我们都要借助典型的事例来表现。要抓住人物的语言、动作、心理活动等来展开详细介绍,这样人物形象才能丰满。当然也可以写写自己的优点或缺点,让大家对你有更深的了解。

有时候,还可以把自己的外貌与性格联系起来写,下面的语段就做到了这一点:

我,今年十岁,高高的个子,扎着一个"马尾巴",脸圆圆的,嘴唇略厚。妈妈说:"厚嘴唇的人笨嘴拙舌。"确实,我很少与人说话,可在熟人跟前,却伶牙俐齿。一笑起来,便露出两颗"虎牙",妈妈又说我是"小虎妞"。

炫迪: 这些都介绍完了,是不是该总结一下?

啦啦博士: 说得对!习作结尾时可以用简短精彩的语言总结一下自己,这样可以起到画龙点睛的作用。

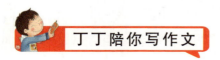

我给自己画张相
顾杰文

我叫顾杰文,今年九岁了,瘦瘦的身材,浓浓的眉毛下闪着一对大眼睛,乌黑的眼珠总是神气地转来转去。我不但是我们班有名的"小帅哥",还是全校有名的"运动健将"呢!

我的性格活泼开朗,是学校宿舍楼里的"孩子王",只要在校园里玩,身后总会跟着一群低年级的小家伙。但我最喜爱的还是运动,两三岁的时候我已经骑坏了三辆小自行车,四岁就学会了轮滑。

起初，我穿的是前后有两个轮子的塑料溜冰鞋，后来觉得太没意思，就大胆尝试了只有高年级同学才敢穿的鞋底中间有四个轮子的溜冰鞋。虽然没人教我，但我自己两三天就会滑了，到现在已经穿坏了三双溜冰鞋，趁姐姐不在家，干脆把姐姐的那双也"占为己有"了。

　　每天晚饭后，我都会和宿舍楼里的"溜冰族"来到学校操场，展示我们不凡的身手。不用说，我当然是其中最引人注目一个，没办法，谁让他们的技术不如我呢。

　　我的运动才能可不止这些，玩滑板、打篮球也是我的强项。最近我又喜欢上了打乒乓球，有时候连老爸都是我的手下败将呢！你们说我是不是很厉害呀？！

技巧点拨

　　小作者先从自己的外貌入手，然后选取自己最喜爱运动这个特点，展开了详细描写。在描写自己喜爱的运动时，小作者的言语中充满了自豪：玩坏了三辆小自行车、穿坏了三双溜冰鞋，四岁学会轮滑，两三天便学会穿高年级同学才敢穿的溜冰鞋，这一系列的数字描写都让我们仿佛看到了一个活泼好动的运动小健将。

02 王骁心中的疑惑
——为情节增添戏剧色彩

段永祥

"今天，咱们来学写心理活动。"胖叔叔说。

"可是，我总是写一两句话就没词了。"王骁有点犯难。

"写好心理活动不是什么难事。先来看台湾作家林双不的《枪》。"胖叔叔把一篇打印出来的文章递给王骁，接着说，"文章中的'我'搭上出租车，以为司机不怀好意要抢劫，结局出人意料，让人会心一笑。精彩的心理描写推动了故事情节的发展，让文章有一波三折的戏剧效果，我已经把心理活动的描写诀窍在文中画出来了。"

王骁说："您就画了四处句子，也没批注，看不出诀窍来啊！"

胖叔叔笑着说："把第一处句子读出来。"

"我身上的钱不多，又是一个大男生，实在不必害怕，如果他真正心怀恶意，如果他嫌钱太少不满意，无论如何，还是我吃亏。我悄悄打量他的体形，没有我高，但是比我结实多了，单打独斗，我未必就会输他，可是他不可能没带东西，而且我根本不想打。"

"这是第一个诀窍——写感受。"胖叔叔说，"读第二处。"

"难道我就这样束手待毙吗？也许我可以想想办法，化解这场危机，我不是一向自诩最善于动脑筋的吗？怎么突然吓呆了呢？"

"这是第二个诀窍——发问。问自己，也可以问别人，把心中的疑惑问出来。"说完，胖叔叔又叮咛："读第三处。"

"为什么他不跟我聊天？是不是怕暴露他的口音或其他特征，增加警方缉捕他的可能？"

"这个句子不也是在发问吗？"

"是在发问，不过你怎么看'是不是'这三个字？"

王骁回答："有可能是，也有可能不是，这是作者的猜想。"

"对，心理描写的诀窍三就是猜想。"

"那我来找找第四个诀窍吧！"王骁迫不及待读起第四处句子，"算了，如果他真的要抢，就给他吧！好汉不吃眼前亏，财物嘛，生不带来死不带去，犯不着因此打斗伤身。不行！这么一来，岂不是助长了恶人的气焰？无论如何，都应该和他拼斗一番，给他一点教训。"

王骁说："让抢？不让抢！行？不行！这是'我'的思想斗争。"

"对啦，这就是诀窍四——思想斗争，恰当地说，就是内心的矛盾。"胖叔叔说，"准确地写出心里的感受、猜想、矛盾，适时地发问，心理活动就轻松搞定了。"

王骁摸着脑袋说："看上去确实是这么回事。"

妈妈变成了一棵青菜

李子越

星期天中午，妈妈在厨房给我做午饭。可是，直到我肚子饿得咕咕叫，妈妈还没有出来。怎么回事呢？我跑进厨房一看，只见水龙头在"哗啦啦"地流水，却看不到妈妈的影子。我满屋子找，可

哪儿也找不到，急得我都哭了。

这时，电饭煲突然说话了："你妈妈变成了一棵青菜！"天哪，我吓了一大跳，但来不及多想，赶紧抹干眼泪，对着洗菜盆里洗了一半的青菜使劲地喊："妈妈！妈妈！"但是，没有一棵青菜回答我。

这可怎么办呢？我在洗菜盆里一棵一棵地寻找。突然，我看到了一棵很特别的青菜，叶子卷卷的，很像妈妈的卷发。仔细一看，那棵青菜还在不停地打呼噜呢。

"这一定是妈妈变的。"我想，"妈妈肯定是太累了，洗着洗着就在青菜堆里睡着了。"一想到自己将有一个"青菜妈妈"，我急得直掉眼泪。要怎样才能救妈妈呢？我灵机一动，妈妈是因为太累才变成青菜的，如果让她在床上好好睡一觉，是不是就可以变回来了呢？

于是，我把"青菜妈妈"抱到床上，小心翼翼地为她盖上被子，然后坐在床边静静地等待。果然，不一会儿，妈妈就变回了原来的样子。我激动地扑到妈妈的怀里，抱着她说："妈妈，我爱您！"

妈妈十分疑惑："我怎么躺在床上呢？我不是在厨房做饭吗？"我听后偷偷地笑了，心想："以后一定要提醒妈妈注意休息，我可不想要一个'鸡蛋妈妈'或'土豆妈妈'！"

技巧点拨

本文作者通过对"找不到妈妈——妈妈变成青菜——'我'帮妈妈恢复原样"这一过程中自己心理状态的变化描写，使文章更富戏剧效果，引人入胜。

第一章 谁是最可爱的人

03 添加"防伪标识"
——让外貌描写更传神

段永祥

趣味写作故事

"叔叔,上次习作讲评,老师说我们写的人物千人一面,就像一个模子刻出来的。今天,您就教我如何写人物的外貌吧。"王骁又来找胖叔叔请教如何写作文了。

"没问题。不过你得先口头描述一下我的外貌,我好对症下药。"

王骁点点头,观察了一会儿胖叔叔,张口道:"叔叔高高的个子,胖胖的身材,小小的眼睛,矮矮的鼻梁……"

"停!"胖叔叔喊道,"现在屋里就咱俩,知道你是在形容我。但如果把我放到人群里,让其他人根据你的描述把我找出来,估计不容易。因为高个子、胖身材、小眼睛、矮鼻梁的人可不止我一个。难怪你们老师说千人一面呢。"

王骁挠了挠后脑勺说:"那我该怎么改进呢?"

"高高的、胖胖的、大大的……这些词语能具体化的要具体化。比如,'高高的'到底多高呢?"

"一米八左右。"

"胖胖的,胖成啥样呢?"

"走起路来,身上每个部分的肉都会晃动。"

"这样表达就具体多了。"胖叔叔笑着说,"来看看瑞典作家

林格伦《长袜子皮皮》中的外貌描写吧。"

胖叔叔从书架上抽出一本书,翻开朗读:"她的头发是红萝卜色,两根辫子向两边翘起,鼻子像个小土豆,上面满是一点一点的雀斑。鼻子下面是个不折不扣的大嘴巴,两排牙齿雪白整齐。她的衣服怪极了,是皮皮自己做的。本来要做纯蓝的,后来蓝布不够,皮皮就到处加上红色的小布条。她两条又瘦又长的腿上穿一双长袜子,一只棕色,一只黑色。她蹬着一双黑皮鞋,比她的脚长一倍。"

"人物外貌要抓住特点来写。皮皮的翘辫子、雀斑鼻、怪衣服、不成对的袜子、比脚长一倍的皮鞋都是她独有的特点,可以说是'防伪标识'。"

"叔叔,我找到你的'防伪标识'了,是痣!"王骁像发现新大陆似的喊起来。

"别急。再来看看德国作家赫尔姆特·萨克夫斯基在《双把儿铁锅卡琦娅》中的外貌描写。"

胖叔叔换本书翻开朗读:"喜欢我的人都叫我'双把儿铁锅'卡琦娅。我的头看起来就像长了两只角:两根小辫子,一根从左边的耳朵上面弯下来,一根从右边的耳朵上面弯下来,像一个'双把儿铁锅'——这就是我的绰号的来历。"

胖叔叔读完,问王骁:"你有什么发现?"

"可以用修辞方法让外貌描写更传神。比如,皮皮的雀斑鼻像个小土豆,卡琦娅的两根辫子像两只角。"王骁回答道。

"对,这样写既生动又形象。"

"叔叔,我知道怎么来写外貌了,你听听,看我对你的描述准确不准确。"

"叔叔很胖,肚子圆滚滚的,就像吞下一整只西瓜没有消化似

第一章 谁是最可爱的人

的，走起路来全身的肉都会晃悠。叔叔留着个板寸头，长着塌鼻梁，嵌着小眼睛。他脸上最有特点的'景观'是痣，大大小小共有20多颗呢。最具有代表性的痣是鼻子上的那两颗，一颗长在鼻翼的正下方，一颗长在鼻翼的左面，绿豆般大小。"

"准确是准确，可这样写有毁我的英俊形象啊！"

"那我再补充一句，"王骁笑嘻嘻地说，"虽然它们的'点缀'破坏了叔叔的外在形象，可一点儿都没有影响叔叔在我心里的形象。"

"这还差不多。"胖叔叔乐了。

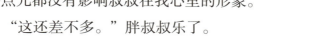

我的好朋友

于雯

我的好朋友叫彬彬,他今年8岁,长得虎头虎脑的,脸蛋又胖又圆,浓浓的眉毛向上翘着,两只大眼睛又亮又圆。彬彬平时喜欢穿蓝色的海军服,走起路来昂首挺胸的,挺像个威武的小海军。

最有趣的是,彬彬有个大脑袋,很像动画片《大头儿子小头爸爸》里的"大头儿子"。而且,他还经常这样哼唱:"头大头大下雨不怕,别人举伞我用脑瓜。"彬彬如同一颗开心果,引得其他小伙伴哈哈大笑……

对了,彬彬在生活中还乐于帮助别人。每当我学习上遇到不明白的地方,他总是很认真地问:"需要帮助吗?我的服务可是五星级的呢!包教包会还不收费。"

嘻嘻,你是不是也想拥有一个像彬彬这样的好朋友?

 技巧点拨

小作者能够抓住朋友彬彬的长相特征进行外貌描写,语言生动、有趣;还写了彬彬风趣幽默的语言以及搞笑的动作,让我们觉得可爱又善良的彬彬就站在我们面前。

第一章 谁是最可爱的人

我都捂住右耳朵啦
——妙用细节描写来刻画人物

段永祥

"这节课我们来聊聊人物的细节描写。我们该如何理解人物的细节描写呢？"

"写人物离不开语言、动作，我觉得人物的细节描写也和人物的语言、动作有关吧。"梁智猜测道。

"聪明！人物细节描写，可以表现在人物的语言、动作、心理、神态等方面，这几方面运用好了，能增强描写的生动性和真实感，使人物更具个性特征。今天，我们主要从动作、语言和心理三个方面来讲解。"

1. 捕捉细小动作

她躬着腰，将堆在办公室角落里的旧报纸，一摞摞搬出、理齐、码好，然后用布条捆扎起来，一捆一捆地过秤。与我们经常看到的商贩那高高翘起的秤杆不同，过秤的时候，她的秤杆，总是往下垂，秤砣几乎要从秤杆上滑落下来，这样，报纸可以秤得重一点点。没人在意她的秤，但她一如既往，要把秤让给人。

"躬腰、搬旧报纸、理齐、码好、捆扎,这些动作在别的收旧书的人身上也能看到,但是'过秤的时候,她的秤杆,总是往下垂,秤砣几乎要从秤杆上滑落下来',这一细节写出了主人公老实本分的性格特点。"

2. 提炼人物语言

爸爸的微笑消失了,脸色变得严肃起来。他想了一会儿,对儿子和小女儿说:"白杨树从来就这么直。哪儿需要它,它就在哪儿很快地生根发芽,长出粗壮的枝干。不管遇到风沙还是雨雪,不管遇到干旱还是洪水,它总是那么直,那么坚强,不软弱,也不动摇。"

"什么叫提炼语言?"马洁问。

"生活中,大多数人说起话来一两句是停不下来的,我们要

根据文章中心或情节的需要进行删减。《白杨》托物言志,借物喻人,通过父子两代人的交谈,赞美一代又一代献身边疆的建设者们。所以,在这个片段里,作者把和这个主题无关的话语都省略了。"

3. 刻画内心世界

桑娜脸色苍白,神情激动。她忐忑不安地想:"他会说什么呢?这是闹着玩的吗?自己的五个孩子已经够他受的了……是他来啦?……不,还没来!……为什么把他们抱过来啊……他会揍我的!那也活该,我自作自受……嗯,揍我一顿也好!"

"省略号的连续使用,真实地写出了桑娜不安的心理,我们从中可以感受到桑娜宁可自己吃苦,也要帮助别人的美好品质。"段老师详细地讲解道。

"这三点就是老师要传授给你们的人物细节描写'秘诀',怎么样,有收获吗?"

"老师,我都捂住右耳朵啦——只允许您的讲解从左耳朵进,不允许从右耳朵出!"小胖笑嘻嘻地说。

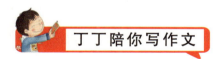

小书迷
孙林浩

我有一个好朋友叫杜佩文,他可是一个标准的小书迷呢!

一次,我和杜佩文一起上街去玩,可走着走着,他人就不见

了，任凭我怎么找也找不到。他爱看书，会不会去新华书店了呢？于是，我就去新华书店找，果然发现他正在那儿看书。

还有一次，杜佩文约我星期六下午去他家玩。我如约来到他家，轻轻地敲了敲门，只见门虚掩着，但没人应答。然后，我又重重地敲了几下，还是没有反应。

我断定他又看书入了迷，于是轻轻地推开门，蹑手蹑脚地走进他的书房，只见他坐在写字台前，正专心致志地看书呢。

他一会儿拿起笔在本子上记着什么，一会儿脸上露出笑容，一会儿又挥动着双手自言自语："太精彩了，太精彩了！"

唉，要不是知道他是个小书迷，准以为他犯精神病呢。我在他的背上狠狠地拍了一下，他突然醒悟过来："啊，你来了，我都忘记了。"

怎么样，我的朋友杜佩文是不是一个标准的小书迷？

 技巧点拨

　　习作选取了两个事例，事情不大，但都很典型。一个略写，另一个详细描写了人物的动作、神态、语言。层次分明、首尾照应，生动形象地把杜佩文这个小书迷的鲜明特点表现了出来。

写写身边的小伙伴
——确定人物写作的主题

梁庆梅

梁老师： 小伙伴是我们童年快乐的分享者，如果让大家拿起笔写写他们，该怎样去写呢？

新宇： 我想写写我的小伙伴杨军，我准备这样描写他：

杨军——我的同桌，也是我最好的伙伴。他总是在不经意间带给我温暖。

有一次，数学考试马上就要开始了，我打开文具盒，发现忘记带直尺了，一下子慌了神。

这时，杨军看出了我的窘境，二话没说就把自己新买的尺子"啪"地一声折断了，将其中的一半递给了我。

我怔住了，不知说什么好，他呢，冲我微微一笑。

墨鑫： 新宇是通过描写一件具体的事来刻画他的小伙伴杨军的，突出了杨军乐于助人的品质。所以，在写本次作文之前，我们可以思考一下作文的主题，是想赞美人物的崇高品质，还是想表现人物的性格特点，主题不同，选择的事例也不同。

梁老师： 新宇同学写得好，墨鑫同学点评得也很到位。写人离

不开记事,如果想突出你与小伙伴之间的友谊,或者表现小伙伴的性格特点等,就需要选取一到两个具体的事例去展现,只有这样,读者才能了解你所介绍的这个人。

苏哲: 我想写写自己的小伙伴小静,她长得很好看,而且与众不同。这就是我的习作片段:

小静扎着一条马尾辫,一双亮晶晶的大眼睛扑闪扑闪的,透着一股机灵劲儿。她长着一张樱桃小嘴,笑的时候总露出两颗大板牙,看上去有几分顽皮。

梁老师: 苏哲认真地观察了小伙伴,然后抓住人物的外貌特征进行描写,让人读后印象深刻。我们在写本次习作时,可以根据表达需要,对小伙伴的外貌进行刻画。

安雯: 我认为还可以通过人物的语言、神态、动作、心理活动等描写,来展示人物的精神风貌,现在来欣赏一下我的习作片段吧:

一天，我的好伙伴琳琳将新买的毽子带到了学校。

我看后爱不释手，很想玩，就说："毽子能借我玩一会儿吗？"琳琳痛快地把毽子扔给了我。我和其他几名同学高兴地玩起来。

没想到，一不小心，我一脚把毽子踢到了涮拖把的脏水桶里，漂亮的毽子在黑乎乎的水里转了几圈就沉没了。

等我们用小棍把毽子捞出来的时候，它已经变得湿漉漉、脏兮兮的了，原本漂亮的羽毛失去了艳丽的色泽。我看后很为难，不知道该怎样向琳琳解释。

正巧，她迎面走过来，我忙说："对不起，我把你的毽子弄湿了。"你猜怎么着？她手一挥，豪爽地说："没关系，晾晾就行了。"

梁老师：安雯通过描写小伙伴琳琳的行动、语言等，让我们感受到了琳琳的大方与宽容。感谢大家为这次习作提供的金点子，现在就请你们拿起笔写写身边的小伙伴吧！

丁丁陪你写作文

我的小伙伴
李之梅

他，个子不高，板寸头，穿着朴素，言行规范，是老师和家长眼中的好孩子，是我学习的好榜样，还是我最亲密的好伙伴，他的名字叫吉颖辉。

他非常执着。这学期开学，语文老师要求我们每天写一篇日记，用文字记录日常生活。刚开始，我兴致很高，很积极，每天坚持写，可只过了一周，我的写作热情就慢慢减退了，经常为找不到

素材而发愁,渐渐地就不再写了。

突然有一天,老师要检查同学们写日记的情况。大多数同学像我一样没能坚持下来,吉颖辉却是个例外。开学两个多月以来,他一天没有间断,整整写了68篇,每一页都写得工工整整。

我非常佩服,对他说:"你真棒!"他呢,微微一笑,有些害羞地说:"这没有什么,只要你有坚定的信念,坚持下去,一样可以做到!"瞧,人家不仅执着,还很谦虚呢!

不过,吉颖辉也有一个小缺点,就是太脆弱,这可能和他性格内向有关系。

有一次,同学们从学校远程教室上完课回来,发现教室的门不知道被谁锁上了。唯一有钥匙的吉颖辉,翻遍了书包也没有找到教室门的钥匙,他急得都快掉眼泪了。后来,我跑去找到老师,才解决了问题。

放学后,老师把吉颖辉叫到一旁,嘱咐他回家好好找找钥匙,他却当成了责备,眼泪就像断了线的珠子一样直往下掉,害得我忙跑过去安慰他。不过,随着我们一天天长大,吉颖辉也在慢慢克服自己的缺点。

瞧!这就是我的小伙伴,也是我最要好的朋友,一个执着而又稍显脆弱的小男孩。

技巧点拨

小作者通过写日记和找钥匙这两件事,具体表现了小伙伴的执着和脆弱的性格特点,再加上适当的外貌描写和语言动作描写,小伙伴的形象就一下子跃然纸上了。

06 我敬佩的一个人
——写好"精神"更有效

梁庆梅

拼装学院的教室里热闹极了,原来大家正在交流怎样写好习作"我敬佩的一个人"呢!

迷糊老师: 大家说说,要想写好"我敬佩的一个人",需要做到哪几点呢?

猪猪侠: 我知道!我知道!首先要确定写作对象。在我们周围,有许多值得我们敬佩的人:有见义勇为的英雄,有助人为乐的阿姨,还有热爱学生、循循善诱的老师和爱科学、爱学习的同学……他们的模范行为都值得我们学习,令人敬佩。但本次习作是让写"我敬佩的一个人",所以我们首先要从自己所敬佩的人中确定一个写作对象。确定人物时要选择自己最熟悉的,他的身上确实有最让自己敬佩的地方,这样写起来就有话可说,也更能抒发自己的真情实感。

菲菲公主: 是的,人物选择好以后就要确定文章的主题了。因为一个人身上往往可能同时拥有多种品质,如乐于助人、心地善良、刻苦认真、关心他人,等等。我们不可能在作文中把他的这些品质都面面俱到地进行描写,所以要选择其中最令自己感动和敬佩的一个方面重点来写,其他的可以一笔带过。这样主题确定后就可

以选择事例了，选择事例要做到典型、新颖、具体。如果一件事不足以表现出这个人的品质，可以再写一件事，当然所选择的事例必须是真实的，不能想当然，也不能杜撰。

波比： 在借助事例来描写人物品质的时候，还要抓住人物的动作、语言、心理活动等来具体描写，使人物的特点更加清晰，人物的品质更高尚。当然，恰当地运用神态描写，也可以表现人物的内心，使人物形象更加丰满。

超人强： 我还有个小窍门呢。要想让自己笔下的人物形象更高大，我们不仅可以采用直接描写的方式，还可以通过间接描写来巧妙衬托，比如巧借他人之口或是用外号（如"爱心天使""小作家"等）来体现人物身上的优秀品质，或者借助环境渲染来烘托人物等，还可以借助对比的手法使人物的品质在对比中更显伟大。

迷糊老师： 大家说得非常好，我想只要我们做到了这几点，就一定能写出一篇生动感人的好文章。

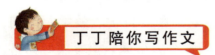

他值得我敬佩！

王康

说到最敬佩的人，大家都会想到辛勤的园丁、忍受风吹日晒的清洁工人……可是最让我敬佩的人却是一个其貌不扬、个子矮小的小男孩——我的同学魏浩。

说起魏浩，他在我们班可是鼎鼎有名哦！原因很简单，他敢于向老师挑战——和数学老师比赛跳绳，而且赢了。记得那还是去年春天的事，那一天的课间活动，操场上不时传来"加油！加油！"

第一章 谁是最可爱的人

的呐喊声,原来魏浩正和我们班的数学老师比赛跳绳呢。数学老师三十多岁,体格强健,而且跳绳跳得极好,不但会单跳,还会双跳,这在我们学校的老师中那可是屈指可数的。一个学生敢和老师比赛,那得需要多大的勇气啊!何况魏浩在我们班又是个子最矮,身体最瘦弱的男生。大家都为魏浩捏了一把汗,甚至有些同学认为也许用不了两分钟他就得败下阵来。可没想到事实却完全出乎同学们的预料,几分钟过去了,魏浩依然坚持着,而且越跳越快。数学老师看魏浩加快了速度,也跟着加快了速度,还不时地说上一句:"魏浩,如果坚持不下去就停下吧,输了也没关系的。"

时间一分一秒地过去了,我们的心都提到了嗓子眼儿,两个人都已经汗流浃背,看得出他们都累得快坚持不下去了。同学们自动分成了两个拉拉队。我们男同学都在大声地喊着:"魏浩,加油!魏浩,必胜!"也许是我们的呐喊声给了魏浩力量,也许是不服输的劲头鼓舞了他,虽然他的小脸通红,汗珠子一个劲儿地往下掉,可他仍然咬紧牙关坚持着。

"998、999、1 000、1 001……"同学们数数的声音越来越大,越来越快。"不行了,我输了。"数学老师累得弯下了腰,自动停止,放弃了比赛。"魏浩赢了!魏浩赢了!"同学们欢呼着把魏浩抬了起来,"魏浩第一!魏浩第一!"大家都向魏浩投去

了敬佩的目光。

　　从此以后，魏浩不但是我们班的骄傲，还成了我们学校的骄傲。因为他加入了学校的跳绳兴趣小组，多次代表学校参加市级跳绳比赛，取得了市级"双人带跳第四名""小学组双跳第三名"的好成绩……

　　这样勇于拼搏、坚持不懈的同学难道不值得我们敬佩吗？

 技巧点拨

　　小作者选取一个其貌不扬、身体瘦弱的同学来写，通过"和数学老师比赛跳绳"这个典型的事例，生动刻画了主人公大胆、执着、不服输的性格特点，尤其是人物的神态描写十分细腻生动。文中老师的话"魏浩，如果坚持不下去就停下吧，输了也没关系的"更是进一步衬托出了主人公坚持不懈、永不服输的精神，让我们不由得对他肃然起敬。

第二章

把故事讲好
——叙事不再难

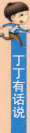

丁丁有话说

　　回想一下，有没有这种情况：你向小伙伴讲一件好笑的事，你讲完后自己哈哈大笑，小伙伴却一脸莫名其妙？这大概就是因为你讲得不够清楚、不够生动。写叙事作文就像给人讲故事一样，只有把事情说明白、讲活了，人们才能充分领略你想传达的思想感情。话不多说，赶紧一块来跟老师学学"讲故事"的诀窍吧！

07 七嘴八舌议趣事
——"童年趣事"要突出"趣"

毕传高

高老师： 同学们，我们每天都要做不少事，看到和听到不少事，其中一定有不少是很有趣的，是你想起来可能会会心一笑的。

学生A： 是啊，我们每天是经历了不少事，可是哪些事算是有趣的呢？

学生B： 有趣的事当然值得回忆，所以这次作文就是要求我们写值得回忆的事情。

学生C： 是非常有趣味的事。

学生A： 嗯，是令人感到可笑、好笑的事。

学生B： 是令人感到快乐的事。

学生C： 例如可以写一次野炊、一次旅游。

学生A： 写一次劳动、一次活动等。

学生B： 课堂上也会发生很多有趣的事。

高老师： 家里也有十分有趣的事。你看，《大头儿子和小头爸爸》，这动画片里的故事多有意思啊！还有《家有儿女》，讲述的也多是家里发生的有趣的事情。

学生C： 老师，我明白了，只要我们留心去观察，有趣的事随处都有，是吗？

高老师： 是啊！世界上并不缺少美，而是缺少发现美的眼睛，一位伟人就这样说过。大家还有什么问题吗？

学生A： 老师，我有"一张'假币'"的故事，至今想起来都感到好笑，可是我还没有想到怎么去写好它。

学生B： 公鸡下蛋的故事，你没听说过吧，我想把它写出来，可就是心里也没底。

学生C： 真的假的？你就别忽悠人了！

高老师： 看来你对这件事挺感兴趣。好吧，大家来帮他俩出出主意吧！

学生C： 要写清楚这件事发生的时间、地点。

学生D： 要写好事情的起因、经过和结果。

学生E： 事情的经过最不好写。我觉得就是要把这件有趣的事情是怎么发生、怎么发展、怎么结束的写出来，可是就这我也感到很为难。

高老师： 其实，这样的写事的作文并不难，就是一个还原的过程，只是你的"还原"能力还欠缺。没事，练习练习就好了。

学生F： 写的时候还要注意不能平均使用笔墨，要突出事情中最吸引人的部分、最有趣的部分、最能给人以教育的部分。

高老师： 是啊，还要注意这件事留给自己的印象和感受。大家说说，你还有没有其他看法。

学生C： 有。写事离不开写人，所以人物的动作、语言、神态等描写一定要细致，这样才能给人留下深刻的印象，令人难忘。

一张"假币"

肖惠东

在我的记忆里,有一张不寻常的"假币",关于这张"假币",还有一个有趣的故事呢。

那年我才三岁多。在我眼里,姚阿姨开的那个小卖部是我的第二个"家"。那一袋袋花花绿绿、酸甜咸辣的叫不全名字的零食,胜过"山珍海味";那塞得满满的柜台,那排得挤挤的货架上,藏着多少"奇珍异宝"啊!那时,妈妈工作的银行的办公楼就在我家院门口,我时常溜到她的办公室里捣乱。每每这时,她就会拿出五角、一元的零票子来打发我。

于是,妈妈的办公室和姚阿姨的小卖部成了我频繁光顾的地方。

一天下午,我照例溜进妈妈的办公室,却怎么也寻不到妈妈的影子,就向旁边的叔叔打听她的去处。叔叔一见是我,笑着说:"找妈妈,是不是又有什么想头儿啦?该不会又来讨钱的吧?"我挺干脆地点点头,理直气壮地回答:"我饿了,想买吃的。"叔叔一听,更乐了,说:"嚄,一点儿都不害羞,还怪大方的呐!冲这一点,叔叔也要奖励你!"说着,他从桌子上拿过好厚一沓崭新的"钞票",随手抽出一张递给我说:"这可是一张大钱,去吧,想买多少就能买多少。"

接过这张新票子,我左看右看,上面的字不少,只有一个"伍"我认识,可它又不像是五角钞票,那一定是五元的吧!五元!我的妈呀!我心里一阵狂喜。那一袋袋"小康牛肉酱""好劲道快餐面"，那一根根火腿肠、一串串羊肉串仿佛都迫不及待地向我招手呢，因为我有"大钱"啦！

我攥紧钱，一边美滋滋地打着如意算盘，一边飞快地冲向小卖部。突然身后传来了熟悉的声音："肖惠东——"我扭头一看，啊，是妈妈！我兴冲冲地跑到妈妈面前。"干什么去？"妈妈问。我眉头一扬，得意地说："我有一张大钱，能买好多好多的东西！"妈妈一脸诧异，忙追问："哪儿来的大钱？""叔叔给我的！"我回答道。妈妈的脸立刻沉下来了，厉声喝道："不许找别人讨钱。把钱还给叔叔。"我犟着一声不吭，双手死死地背在身后。妈妈火冒三丈，一把扯过我的胳膊，用力掰开我的手，抠出了那张带着体温的微湿的钞票。蓦地，妈妈放声大笑，揉着笑痛的肚子直不起腰。半晌，她才止住了笑，直起腰，展开那张"钞票"，对我说："傻儿子，这是一张'练功券'，是银行的工作人员用来练习数钞票的。用这张'假币'你什么东西也买不到。哈哈哈……"

直到现在，妈妈还时常提起我这段"光荣历史"呢，真是羞死人了！

 技巧点拨

小作者在文章开头就以轻快的笔调渲染了"我"的"馋劲"，如：姚阿姨开的那个小卖部就是我的第二个"家"，那一袋袋花花绿绿、酸甜咸辣的叫不全名字的零食，胜过"山珍海味"。以至于后来叔叔给了"我"一张大钱，"心里一阵狂喜"，那好吃的"都迫不及待地向我招手"。把儿童的天真、有趣淋漓尽致地表现出来了。文章语言生动幽默，构思也很巧妙，结构安排流畅自如，读来饶有趣味。

08 书写爱的故事
——把事情写具体，表达真情实感

谢珠兰

老师：每一位小朋友都是父母的心肝宝贝。父母总是无微不至地照顾着你：天冷时给你添衣，天热时为你驱蚊；生病时照顾你，失落时鼓励你；快乐着你的快乐，忧伤着你的忧伤……他们是这个世界上最爱你的人，相信大家都能真真切切地体会到。今天就请你拿起手中的笔，记录下自己与父母之间爱的故事吧。

华语：能够体现妈妈爱我的故事有很多。瞧，我已经写好两件事了：有一次，我感冒发烧了，妈妈很着急，把我送到医院去，后来我就好了。还有一次，我喉咙发炎了，妈妈立刻就去泡凉茶给我喝。

老师：华语同学真棒，一下子就写了两件妈妈爱你的事。可是文章选材单一，内容也过于简单，怎样才能在选材与写法上做得更好一些呢？

文思：两件事的选材角度是一样的，都写妈妈关心"我"的身体。如果能从不同的角度选材，会更好一些。我写的两件事是这样选材的：一件事写妈妈关心我的身体，另一件事写妈妈关心我的学习。此外，我们要选择自己印象最深刻、最感动的故事来写，只有先打动自己才能打动别人嘛。

佳文：我觉得华语同学没有把事情写具体。要把事情写具体，就要交代清楚事情的起因、经过和结果。像我写妈妈关心我的学习，我就列了个写作提纲：事情的起因——考试成绩退步，"我"的心情很不好；经过——妈妈安慰我、鼓励我，帮我查漏补缺；结果——我的成绩进步了。

俊逸：我觉得华语同学在作文中没有对人物进行生动细致的描写，"妈妈"的形象很模糊。这次习作的中心是要表现父母对"我"的爱，为了更好地突出中心，就要具体写写父母说了什么、做了什么，抓住父母的动作、神态，把他们的形象刻画得具体可感。我念我作文中的一个片断给大家听：

暑假的一天，我因为贪凉，长时间泡在水里，感冒了。妈妈下班回到家，见我昏昏沉沉地躺在床上，就关切地问："宝贝，你不

舒服吗?"我无精打采地说:"下午泡在水里很舒服,可现在头好痛……"妈妈用手摸了摸我的额头,又摸了摸自己的额头,说:"你着凉感冒了,我去泡红糖姜茶给你喝。"不一会儿,妈妈就端来了热气腾腾的姜茶,她先用汤匙舀一点,试试姜茶的温度,然后一口一口地喂我喝。喝完后,妈妈又让我躺下,还拿来一条毯子盖在我身上。

半夜里,我醒来,发现妈妈一直没有离开,竟然趴在我的床边睡着了。借着明亮的月光,我可以看到妈妈温柔慈祥的脸。我不说话,静静地享受这无法用言语表达的母爱……

老师: 俊逸同学写得真好,把妈妈照顾生病的"我"这件事写得很具体,生动的动作、语言描写也使人物形象显得十分丰满。同时,作者在文中抒发了自己对母亲的感激之情,情真意切。

华语: 听了大家的讨论,现在我明白了——在书写爱的故事时,一定要把事情写具体,把人物写生动,还要写出真情实感。如果打算写两件事,最好从不同的角度去选材。

老师: 对。现在大家都明白怎样才能写好这次习作了,那就赶快拿起笔来,书写父母对你的爱吧!

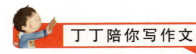

妈妈的爱

俞佳希

在我心里,妈妈是这个世界上最爱我的人。

记得有一天,放学时下起了雨,没有带伞的我站在楼下,焦急地向校门口张望，盼望着能有人来接我。雨越下越大，就在我快要绝望的时候，雨帘中出现了妈妈的身影。她一路小跑来到我的面前，气喘吁吁地说："等急了吧，走！咱们回家。"出了校门，妈妈把我抱到摩托车的后座，给我穿好雨衣，又反复交代我好几遍要坐好，这才开车向家驶去。到家后，我发现妈妈的头发和脸颊都被雨水打湿了，而我却没有沾到一滴雨水。霎时间，一股暖流涌上我的心头，亲爱的妈妈，您把我照顾得多么无微不至啊！

　　妈妈不仅关心我的生活，还关心我的学习。有一次考试，我的成绩退步了很多。当妈妈询问起来时，我低着头，不敢拿出考卷给她看。妈妈看我难受的样子，摸摸我的头，微笑着对我说："不要难过，妈妈没有要求你做'常胜将军'，偶尔考不好不是坏事……"那天晚上，妈妈还给我补课，把考卷上我做错的题目，全都给我讲解了一遍。妈妈，您总是这样鼓励我、帮助我，我的每一次成长与进步，都饱含着您的心血啊！

　　这就是妈妈的爱，温暖的爱。我爱我的妈妈！

 技巧点拨

　　小作者能从不同的角度选材，通过两件事来表现妈妈对"我"的爱，并把妈妈对"我"的爱写得具体生动。

09 说说自己的心里话
——抓住重点，把事情写清楚

陈宏哲

丁零零，上课了！大象老师甩着长鼻子走进了教室，他和同学们相互问好后，公布了今天作文课的要求："请先说说自己的心里话，然后写下来！"

"什么是心里话呢？"大伙儿你瞧瞧我，我瞧瞧你，都不作声了。小猪愁得皱起了眉头，小猴子急得抓耳挠腮，连平时好脾气的小猫也扯起胡子来……

大象老师看到同学们一个个愁眉苦脸的样子，笑着说："心里话就是我们内心深处最想对别人说的话……"

没等大象老师把话说完，小猴子就猴急地说："我想对妈妈说，她太不公平了！"

"为什么妈妈太不公平了呢？"大象老师笑着问小猴子。

"上个月姐姐过生日时，妈妈不但给姐姐买了一个非常大的生日蛋糕，还给她买了一身漂亮的连衣裙！"小猴子有点生气，"可是上周我过生日时，妈妈竟然把我的生日给忘了！"

"活该，谁让你记性不好！你不也没记住自己的生日吗？"小狗做了一个鬼脸还要往下说，忽然看见大象老师用眼睛盯着他，连忙吐了吐舌头低下了头。

"老师，我也有话对妈妈说。"一向胆小的小白兔今天发言了，"妈妈对我太溺爱了，生活上的事情她都替我代劳，连梳头她也不让我学！还有，她把我看管得太严了，我想去同学家玩一会儿她也不允许，说那样不安全。我连一点儿人身自由都没有！我想对妈妈说：请多给我一点自由吧！"

"老师，我也有话要对同桌小蜜蜂说！请她不要动不动就蜇我一口！"

"老师，我还有话对你说！"

……

这下教室里像炸开了锅。大象老师用长鼻子在讲台上重重敲了几下，教室里才重新恢复了安静。

"大家说的都很好，"大象老师扫视了一下全班同学们说，"就请同学们把自己的心里话写到作文本上吧！"

"耶！"同学们齐声欢呼。

"慢！"大象老师又有问题了，"同学们知道怎样写心里话吗？"

"知道！就是写出自己内心最想对别人说的话！"一向落后的小猪也积极发言了。

"老师,我认为心里话总是由某件事情引起的,因此必须把引起心里话的那件事情写清楚,那样别人才能理解你所说的心里话!"小猴子也争先恐后地说。

"还有还有!"小黑熊也大声说,"不能变成发牢骚,不要写太多事,要抓住最重要的来写!"

大象老师微笑着向大家竖起了大拇指。

小朋友,如何写好自己的心里话,你学会了吗?请不妨动笔写一写吧!

妈妈,请打开你的"鸟笼"

任莹

亲爱的妈妈:

您好!

以前我总是没有勇气对您说说我的心里话,今天就借这次习作机会向您敞开我的心扉,给您提提意见,好吗?

妈妈,在家里,我是您最宠爱的"小公主"。您为我做可口的饭菜,帮我解决学习上的难题,我在您和爸爸温暖的怀抱中成长,多么幸福!可您知道吗?您一个人承担了所有的家务活,从不让我插手。我已经10岁了,可以干些力所能及的活了,可是无论我做什么事,您都一百个不放心、一千个不同意。

记得有一次,家里来了客人,您留他们吃饭。爸爸让我端菜,您半路拦下我还大声说:"小孩子怎么可以端菜呢?万一不小心……"妈妈呀妈妈,您可知道,客人望着我,个个抿着嘴偷笑,我都快羞死了，真恨不得找个地缝钻进去躲躲。

　　妈妈，我理解您对我的爱，我无法用言语来表达我对您的感激。可您想过吗，如果我做什么事都依靠您，长大了我会干什么呀？妈妈，请您打开鸟笼，让您的女儿像海燕一样迎着风暴展翅飞翔吧！妈妈，您肯吗？

　　祝您天天开心！

您的女儿：任莹
2021年3月1日

 技巧点拨

　　读了这篇习作，我们知道任莹同学最想对妈妈说的心里话其实是：请妈妈不要再溺爱她了！小作者通过描写自己的心理感受，委婉地告诉了妈妈自己的想法。为了让妈妈接受自己的观点，她还把妈妈不让自己端菜这件事写得十分清楚。相信妈妈如果读了任莹同学的习作，一定会接受她的意见的。

10 五彩苹果讨论会
——用日记写出生活的情趣

瞿和喜

小朋友们，欢迎你们来到"快乐作文吧"。我是主持人作文小博士，今天我们谈论的话题是如何才能写好日记。瞧！五颜六色的苹果们已经围坐在一起讨论起来了，我们快听听它们是怎么说的吧。

青苹果： 什么是日记呢？就是将自己一天中做过的、看到的、听到的、想到的，等等，用语言文字记录下来。

红苹果： 哈哈！听你这么一说，那作文的内容不是很多吗？一个一个地写，没意思！我看必须有所选择，选择一天中最有意思的事来写。因为生活有意思，作文写起来才有意思。作文是生活的反映嘛！

黄苹果： 红苹果说得对！那怎样才能写出有意思的日记呢？我认为首先要仔细观察、用心体验，找出生活中的情趣来。比如，课本例文中描写"我"捉鱼的事就非常有意思："我想捉一条玩玩，便跑出去取了一只脸盆来。我先把鱼逼到一个死角，再迅速去用盆子去舀。"看！小作者深入了解了捉鱼的过程，这一"取"、一"逼"、一"舀"都是丰富的生活体验啊，写进作文里自然会生趣盎然啦！

紫苹果： 我认为细致描写，写出生活的情趣也很重要。请看例文："我猛地一把抓住了它，谁知它一挺身，又从我的手里滑到盆子里去了。水溅了我一头一脸，弄得我哭笑不得。"小作者不愧是描写的高手呀！用准确的动词将一连串的动作描写得生动细致，让这个有趣的画面如同发生在我们眼前一样，生活的情趣也自然地流露了出来。

青苹果： 诸位，诸位，有一点我必须提醒：这是一篇日记，因此要注意日记的格式。俗话说"没有规矩，不能成方圆"。这次习作的"规矩"就是写日记的格式。第一行要写上某月某日、星期几以及天气情况。千万不可调换顺序呀！下面该写什么呢？不说大家也知道，那就是日记的内容，即正文。

好了，小朋友们，听了苹果们的讨论你会写日记了吗？快快拿起笔，让多彩的日记伴随我们成长，让日记和我们的生活一样多姿多彩、有滋有味吧！

第一次炒菜

程建宇

6月10日 星期四 晴

放学的铃声响了，我像只快乐的小鸟飞回了家。咦？家里怎么一个人也没有啊！哦，桌子上放着一张纸条：建宇，饭煮好了，爸爸妈妈有事出去了。

唉，只有饭没有菜，怎么吃呀！我打开冰箱，一个熟菜也没有。怎么办，难道爸爸妈妈在故意考验我？对了，冰箱里有青菜，

我何不充当一回"小厨师"！说干就干，我先将菜的黄叶去掉，将整好的青菜放进水里洗了又洗，然后捞进菜篮里将水控干。一切准备就绪，"小厨师"该上场了。

我学着妈妈的样子先打开燃气灶，从灶里喷吐出的红色火苗，像是给锅底抓痒。接着我往锅里倒了些食用油，不一会儿，锅里便噼里啪啦地奏起了交响曲。油已经热了，该出手时就出手，我手一翻，菜篮里的青菜都滚进了锅里。为了让菜能均匀受热，我用铲子不停翻炒起来，翻炒的同时，又迅速加入调料。只见刚才还如同"小山"一般的青菜体积越来越小，而且颜色也越来越深。记得妈妈说过，青菜要猛火快炒，一熟即可。我看翻炒得差不多了，立刻关火起锅。

哈哈！诱人的香味扑鼻而来，尝上一口，咸淡适中，嫩嫩的、脆脆的，真爽！

这是我人生中第一次炒菜，想不到竟然如此成功，看来我有成为大厨的天分哦！

 技巧点拨

小作者选取了自己第一次炒菜这件事来写，不仅具体生动地写出了炒菜的过程，而且在字里行间自然地流露出真情实感，生活的情趣尽在文中。特别是结尾，表达了小作者激动与自豪的心情。

感动常在心间
——选材要"新",表达要"真"

朱志军

趣味写作故事

扬扬： 朱老师，我想请教一下，怎样写一件感人的事呢？

朱老师： 要让我们的作文精彩动人，必须在"新"和"真"上下功夫。

扬扬： "新"指的是什么呢？

朱老师： "新"就是选材新颖。本次习作的关键是选材。其实，在我们的经历中，一定有数不尽的事情，令我们感动的不会只有一两件事，究竟写什么呢？我们不妨静下心来，细细回味一下：自己最难以忘怀的是什么事情？哪件事情深深地打动过自己呢？

扬扬： 在我的记忆中，我难忘的事情有很多，比如：1. 一家人去世博园游玩。2. 自己在家玩，不小心弄伤了手。3. 妈妈生病了还坚持工作，忙家务。4. 同学们为舟曲灾区献爱心……

朱老师： 扬扬，我们要通过回忆、比较、筛选，选择一件最典型、最感人的事情来写。你刚才提到的四件事情，第一件事表现的主题是快乐，第二件事表现的主题是后悔，这两件事情都不符合本次习作"令人感动"这一要求，所以不能选择。第三件事情和第四件事情都很感人，但我们不难发现，第四件事情时代感强，新颖独特，写出来更好一些。

扬扬：噢，"真"又是指什么呢？

朱老师："真"就是真情实感。

扬扬：朱老师，你常说"感人心者，莫先乎情"，只有感情真挚的文章才能打动人心。那怎么表达自己的真情实感呢？

朱老师：表达真情实感，首先内容要真实，我们不能写假的、空洞的内容。其次要把一件事的经过写具体，并做到重点突出，特别是要把最动人的情节写出来。再次，语言要朴实，不要过分使用华丽的词藻，要把自己的感情融入对事情的记叙中。

扬扬：朱老师，谢谢您的指导。您放心，我在写作文时一定会做到选材"新"、表达"真"的。

生活中的一个小镜头
——记一件令我感动的事
姜洋洋

炎炎夏日，我感动于丝丝的清风；茫茫黑夜，我感动于柔柔的月光；漫漫征程，我感动于暖暖的关怀……是的，生活中令我们感动的地方很多很多。我曾经为无数的事情感动过，有时甚至流泪，其中有一个小镜头，最让我心灵震撼。

王阿姨是一位普普通通的清洁工，就住在我们这个小区。每天一大早，她就带着扫帚，拉着小车，清扫马路，常常忙到天黑才回来。上学、放学的路上，我常常会遇到王阿姨，她总是在埋头忙碌着。你看，王阿姨多认真呀！大扫帚扫过后，马路上变得一尘不染。遇到那些角落里的落叶、沙石、纸屑什么的，她就蹲下身去，用手一点一点地抠出来。

还记得那天早晨,我到少年宫学书法,刚走出家门,一阵凛冽的寒风迎面刮来,我赶紧缩了缩脖子,好冷啊!这时,我看见一个熟悉的身影,正蹲在一个下水道前,是她——王阿姨。原来这条下水道被脏物堵塞了,路上积了一大片脏水。好多行人都绕过脏水,不屑停一停,想想怎么办,王阿姨却弯着腰,把窨井里的烂菜叶、方便面袋什么的,一把一把地掏出来。那些脏东西弄脏了她的手、衣服,她全然不顾,一个劲儿地掏啊掏啊……不久,下水道终于畅通了。王阿姨松了一口气,盖上窨井盖,又挥舞着大笤帚,"刷刷刷"地继续清扫马路了。

"刷刷刷",这声音我再熟悉不过了,可此时听到似乎更动听了。我不由得走上前对王阿姨说:"王阿姨,您真不愧是'城市美容师'啊!"王阿姨淡淡地一笑:"哪儿呀,我只是做了自己应该做的事情。"

多么美好的心灵,多么可贵的品质!王阿姨的一言一行令我深受感动,而我的灵魂也因感动而受到了洗礼。

技巧点拨

这篇习作紧扣"感动"这一主题,精心选取了生活中的一个小镜头,通过定格、放大,刻画了一位认真负责、忘我工作的清洁工的形象。流畅的语言,生动的叙述,再现了感人的场景,给人以深深的感动。习作一气呵成,首尾呼应,重点突出,结构完整。

12 生活中的新发现
——有条有理,层层推进

瞿和喜

哇!小博士作文QQ群里真热闹啊!快去看看大家都在说什么吧。

小博士: 老师布置了作文题目——"生活中的新发现",可我一点头绪都没有,大家快给我支支招吧。

美美: 别着急,咱们先来认真审题,找出"题眼",这可是写好作文的突破口哦!显然,这次作文的题眼是"发现"。这就需要我们做一个热爱生活的有心人,仔细观察、用心体会、认真思考,有了"发现"才有内容可写。"巧妇难为无米之炊",没有好素材,要想写出一篇佳作,那可是"难于上青天"喽!

文文: 我觉得首先要把发现的内容写清楚,即在什么时间、什么地点、什么情况下发现了什么。我先来说说我的新发现:

一天晚上,我写完作业关灯上床睡觉。在我脱毛衣时,我发现有星星点点的火花在我眼前快速地闪现,还伴随着"啪啪"声。难道有什么东西藏在我的衣服里吗?我纳闷极了,这个谜团一直悬在我心中。

美美: 像文文这样,我们有了发现和疑问接下来就要去寻找答案了。无论你是上网查找,还是请教别人,或是查阅资料,都要将揭开"发现"奥秘的过程写具体,千万不能只写其中的科学道理。写之前最好先在心里厘清思路,列个提纲,这样文章才能条理清晰,让人看了一目了然。

乐乐：我认为还要写写发现中的收获。通过这次发现,你明白了什么道理,或是有什么心得体会呢?一定要写出来与大家分享。

小博士：谢谢你们,说得真精彩!我已经等不及要把自己的新发现告诉大家了。

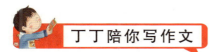

"花花"拱墙的秘密

张月阳

星期天,我提了一桶水准备喂给"花花"喝。"花花"是我家养的一头母猪,它因肥胖的身体上散布着白色的花纹而得名。前不久,"花花"刚产下一窝小猪,此时正在享受做母亲的幸福呢!

"轰噜噜……"猪圈里传来一阵奇怪的响声。怎么回事?我连忙三步并作两步跑到猪圈旁,只见"花花"正用它的大鼻子使劲儿拱后墙呢。它那皱巴巴的鼻子上沾满了墙灰,一边拱一边扑哧扑哧地喷着粗气。难道是"花花"疯了?它要逃出去?还是它生病了?……联想到前几天隔壁李大伯家的一窝猪,连大带小十几头由于什么"二号病"一起死掉了,我吓得直冒冷汗,赶紧回去喊妈妈："妈妈,妈妈!你快来看'花花'怎么了?"

妈妈一听着急了,放下手中的活儿就往猪圈跑。可当她看到"花花"正在拱墙时,却不以为然地笑了："没事!'花花'没有

生病。"

"那它为什么像疯了似的乱拱墙呢？"我一心想打破砂锅问到底。

"可能是它身体里缺少了什么矿物质吧，所以它要啃砖头呢！"

"是这样吗？"我还是不大明白，于是决定上网查个究竟。

通过查找，我在一个农业信息服务网站上看到了这样的内容：猪在生长时也需要补充钠、钾、钙、磷、铁、硫、氯、镁、铜、锌、钴、锰、硼等矿物质。如果饲料中缺乏某种或某几种矿物质，就会导致猪的抵抗力下降，影响猪正常的新陈代谢，出现生长缓慢甚至生病、死亡的情况。如缺钙时，小猪会患软骨病，大猪患骨质疏松症；缺钾时，猪的生长停滞……这时，猪就会通过用鼻子拱墙壁或者啃木头栏杆等方式来满足对矿物质的需要。如发现这些现象，饲养员应及时分析原因并为猪补充所缺的矿物质。

哦，原来如此！我赶紧把自己的发现告诉了妈妈。妈妈给"花花"喂了些盐、饲料骨粉等矿物质饲料，几天后，"花花"果然温顺多了，乖乖地给小猪崽喂奶，当起了尽职的母亲。

技巧点拨

这篇习作按照"发现问题——思考问题——揭开秘密——解决问题"这样的思路介绍了"我"的新发现。由于是作者的亲身经历，所以事情写得真实具体，条理清晰，让人一目了然，读后使我们增长了知识。

第三章

神奇动物在哪里
——教你写活小动物

丁丁有话说

电影《神奇动物在哪里》中的动物不仅形态可爱，还各自拥有独特的魔力，如能够隐身或预知未来等。它们常常做出一些让人啼笑皆非的事，却让人不忍心去责怪他们。生活中，我们身边也围绕着许多这样的小宠物，它们靠着自己独有的"魔力"，给我们的生活增添了许多乐趣。下面就请大家在老师们的指导下，介绍一下自己的动物朋友吧！

13 快乐果当被告
——抓住突出的特征仔细刻画

鹭岛

趣 味 写 作 故 事

快乐果终于把老师布置的习作写完了。也许是太劳累了吧,他竟然趴在书桌旁睡着了。

"升堂!带被告快乐果!"恍惚中,快乐果被带上了公堂,审他的是虎法官。他往旁边一看,原告竟是自己养的那只乌龟。"真是个没良心的家伙!我对它那么好,怎么还告我?"快乐果正愤愤不平呢,却听原告申诉起理由来:"公正的虎法官,快乐果在习作中没有把我突出的外形特征写出来,读者读了根本感受不到我的可爱。他这是在恶意贬低我!"

"我没有!我写出来了!"快乐果反驳道。

"那你是怎么写的?"虎法官问。

"我写的是'我养了一只墨绿色的小乌龟。它有四条腿和一条小尾巴,看上去很可爱'。"

"你听听,尊敬的虎法官,他只写了'墨绿色''四条腿''一条小尾巴',根本没有抓住特征仔细刻画,三言两语就把我的外形打发了。你说他这不是恶意贬低是什么?"

"那你说该怎样抓住特征仔细刻画?"快乐果小声嘀咕了一句。

"我养的小乌龟比我的手心大一点,背上顶着个墨绿色的'盔甲',很坚硬,上面还有一道道褐色的花纹,看上去就像甲骨文。'盔甲'下面有一条小尾巴和四条结实的小腿。它圆圆的脑袋非常灵活,伸缩自如,脑袋上有两颗黑豆似的眼睛,一眨一眨的,显得特别机灵。嘴巴就像一个倒着的'V'字!——这样写我,才人见人爱呢!"

"快乐果,你可知罪?"虎法官问。

快乐果点点头,刚想舒口气,却听原告又申诉起来:"还有,他写我'贪吃'的性格特点时,没有一步步地写我没看到食物是什么样,看到食物又是什么样,是怎么吃的,吃完后又怎样……"乌龟举着快乐果的习作委屈得直掉眼泪。

"快乐果,你还有话要说吗?"虎法官问。

"拿过来!"快乐果急了,大叫一声,伸手去夺本子,结果差点跌倒。他揉揉眼睛,才知这是个梦。再看看自己的习作,他羞愧地拿起笔,认真修改起来……

丁丁陪你写作文

小鹌鹑醉酒
刘欣萍

我家养了一只小鹌鹑,它小小的脑袋上长着一双红豆般的小眼睛,加上嫩黄的小嘴,短短的尾巴,真是可爱极了。

小鹌鹑很活泼,我们吃饭的时候,它总会在桌子下面仰着头,跷着脚,蹦来蹦去,还不时地叫两声。你要是不给它吃的,它就会啄你的脚。

　　那天，全家人聚在一起喝酒，我突发奇想，想看看小鹌鹑喝了酒是什么样子。于是，我把小鹌鹑最爱吃的大虾皮在酒里泡了泡，放进了它的饭盒里。小鹌鹑看见了，三两步跑了过来，啄起虾皮甩了甩，不一会儿就全吃下去了。

　　小鹌鹑吃完了虾皮，开始还挺精神，可过了一会儿，眼睛就眯成了一条缝，走路也摇摇晃晃的。

　　最后，它躲在墙角，蓬起全身的羽毛，脖子一缩，前后晃着打起瞌睡来。从远处看，它就像个毛茸茸的肉球，真好玩。

　　这时，从小鹌鹑面前爬过一只小虫子。小鹌鹑经不住诱惑，强打精神，抖了抖全身的羽毛，睁了睁蒙眬的双眼，想扑上去把虫子吃掉。

　　可是，小鹌鹑"咚"的一声栽了个跟头。它晕乎乎地站起来，还没站稳，又摔了个跟头。小虫子呢，早就逃之夭夭了。

　　哈哈，醉酒的小鹌鹑真有趣！

 技巧点拨

　　小作者选材新颖，是一大亮点。小鹌鹑醉酒？你可能觉得无法想象。但通过小作者的细致描绘，我们仿佛可以看到一只毛茸茸的小鹌鹑喝醉酒后东倒西歪的样子，憨态可掬，惹人发笑。

选择谁来担当主角？
——动作"放映"，让动物活起来

段永祥

"动物是我们人类的朋友，可要写它们还真不知道该怎么下手。"王骁托着下巴说。

"写动物，我们要抓住它们的外形特点和生活习性来写。只要仔细观察一定能够发现外形特点；生活习性主要是指它们喜欢吃什么、做什么、玩什么，我们学过的课文《白鹅》和《猫》就是很好的范例。想想你都跟哪些动物有交情呢？"胖叔叔问。

"鱼缸里的金鱼、家里的狗狗、楼道里的流浪猫、乡下外婆家的猪崽和兔子，还有喔喔打鸣的公鸡等。"

"你的朋友还真不少！不过，写作文切忌贪多，选择其中一个担当主角就好了。这些动物里，你最想给大家介绍哪个呢？"

"当然是我家的狗狗喽！"王骁不假思索地开始介绍，"我家有两只狗，大的叫'黑黑'，小的叫'宝叮'。宝叮很爱闹，经常惹黑黑生气，闯祸后总到我这儿求救。一次，我把宝叮带进房间关上门，黑黑在门上来回抓，嘴里发出'啊呜啊呜'的声音。"

"介绍是介绍了，但狗狗的形象不够具体和生动，你的描述没有让狗狗在我脑海里'活'起来。你知道缺少什么吗？"

王骁急切地问："缺什么？"

"缺少狗狗的动作。动物不会说话，同一种动物的声音我们听上去也差不多，要写出动物朋友的特点，让它们活灵活现地出现在作文里，就只能依靠动作描写了。"

胖叔叔顿了顿，接着说："你刚才介绍的两只狗狗嬉闹的场景，就是缺少了动作描写。宝叮做什么事惹黑黑生气了？怎么跟你求救的？此外，我们在写动物时，还要想一想，它们的习惯性动作有哪些，哪些动词会用到。你说说看，狗狗的动作有哪些呢？"

"狗狗爱啃骨头，要是有汤洒了，它们会用舌头舔，陌生人来了会跑出去咬，家人回来了会摇尾巴。"

"啃、舔、跑、咬、摇，这些动词我们能用到，如果继续想，可不只这几个哦。刚才所讲的嬉闹里，缺了哪几个动作？你仔细想想，补上去，用文字'放映'出来吧。"

王骁埋头想了一会儿，重新介绍道："宝叮很爱闹，总是喜欢去舔黑黑的耳朵，舔舔这只，再舔舔那只，估计是把黑黑的耳朵当成棒棒糖了！黑黑被它弄痒了，'龙'颜大怒，便用前爪把宝叮

按住。宝叮知道闯了祸，连忙挣脱撒腿就跑，向我求救。我蹲下来伸出双手，它两只后腿使劲儿一蹬，一下子跳到我手上。一眨眼的工夫，黑黑就追过来扑向我怀里的宝叮。我连忙带着宝叮跑进房间关起房门。黑黑用前爪在门上来回抓，嘴里发出'啊呜啊呜'的声音。其实，我用不着为宝叮担心，黑黑是一只大度的狗狗，它很快就会原谅宝叮。看，不一会儿，宝叮又和黑黑黏在一起了。"

"悟性不错。动作一出场，狗狗的形象生动多了。通过动作描写，我看到了黑黑生气的样子，看到了两只狗狗的嬉闹与和睦。通过动作描写，我们能感受到动物的喜、怒、哀、乐，动作'放映'可是让动物'活'起来的一大法宝啊！用好了，你的作文一定能大放异彩。"

"多谢'师父'传授秘诀，徒儿不胜感激！"王骁说，"我换一种动物写写，熟能生巧嘛！"

"我拭目以待！"胖叔叔乐呵呵地说。

丁丁陪你写作文

馋嘴的小松鼠

郑可豪

我家有只可爱的小松鼠，长得胖嘟嘟的，特别贪吃。

前天放学回家，我特意吃苹果给它看，馋得它两眼直勾勾地盯着我手上的苹果。小家伙的小嘴一张一合，还抱着两只前爪不停地向我"作揖"，好像在说："求求你了，给我吃点吧！"

看着它的馋样儿，我笑着切下一大块苹果，从笼栅塞给它。可是，笼栅太小，苹果被卡住了。我刚要伸手拔出来，再打开笼门

进去，可是小松鼠已经迫不及待地咬住苹果，拼命往后拉。但是，它的劲儿太小，苹果纹丝不动。眼看到嘴的"肥肉"吃不上，它急得一会儿用小爪子乱抓笼栅，一会儿抬头看看我，又看看苹果，向我求援。我不理它，看它怎么办。见我无动于衷，它只好自己动手。你看，它用两只前爪抱着苹果使劲地往外拔，两只后爪拼命地蹬着笼子，累得"呼哧呼哧"直喘气。可是，苹果还是一动不动。

算了，不要再为难这个小家伙啦！我伸手把苹果拨进笼子里。小松鼠一不留神，抱着苹果摔了个四脚朝天。它顾不得痛，翻身爬起来，一连啃了好几口，才抬头看看我，好像在跟我说："这是我的苹果，你不许抢！"

唷，好馋嘴的小家伙啊！

 技巧点拨

　　小作者在描写小松鼠吃东西的动作时，运用"咬""拉""抓""抱""拔""蹬"几个动词，生动地表现出小松鼠想吃苹果的急切，让人不禁感叹：果然是只馋嘴的小松鼠啊！

15 动物小魔咒
——直抒情感，写出自己的喜爱之情

崔为安

趣味写作故事

图图： 小白兔白又白，两只耳朵竖起来，爱吃萝卜和青菜……

小美： 图图，你又蹦又跳的，在干什么呢？

图图： 我在构思作文呢！老师让写一种小动物，我感觉兔呀、猫呀、鸡呀、鹅呀……满脑袋跑，却不知怎么写。

小美： 哈哈，我这里有几个动物小魔咒，相信读过之后，你笔下的小动物一定会栩栩如生。

动物小魔咒1：善于观察

观察一般从动物的外形特征、生活习性等几个方面有顺序地进行。在动笔写的时候，要把观察的结果，有重点地加以选择，有条理地加以描述。比如，"它一身的白毛像雪似的，中间夹着数块墨色的细毛，黑白相间，白的显得越白，而黑的显得越发黑了"。

动物小魔咒2：写出动物的生活习性

动物的生活习性多数是通过吃、睡、活动、生长等来表现的。作文时我们要做到两点：（1）把它和其他动物进行比较，写出它

和其他动物的不同。（2）从它们的动作和叫声中去体会和想象它们的"情绪"变化，恰当地运用拟人手法，写出别人没有注意到的东西。比如，《白鹅》中的白鹅："它常傲然地站着，看见人走来也毫不相让；有时非但不让，竟伸过颈子来咬你一口。"

动物小魔咒3：写出喜爱之情

写作时，可以具体描写小动物的样子、外形，把自己的喜爱之情融在里面，也可以用简洁的语句直抒情感，还可以两种方法兼用。比如："你见了，绝不会责打它，它是那么生气勃勃、天真可爱！"

小喜鹊

吴培增

暑假里，二伯拆塔吊时救下了一只小喜鹊，送给了我。

这只小喜鹊长得很机灵，小脑袋上两颗黄豆大的眼睛骨碌碌地转个不停。它头上的羽毛像黑色的皇冠，高贵别致。背部和尾部的羽毛乌黑发亮，双肩和腹部的羽毛洁白无瑕，黑白两色，把小喜鹊打扮得十分惹人喜爱。

爸爸把它放在一个筐子里。它不会主动寻食，我只好掰开它的嘴去喂它。开始两天里，我捉它时，它就会喳喳地大叫，四处躲闪，小眼睛里流露出恐慌。渐渐地，它不怕我了，只要我把小米放在盘子里，它就会跑过来吃。它能吃的东西越来越多了，什么嫩草叶、黄瓜丝、西红柿块……当然，它最喜欢吃小蚂蚱。

一周过后，它跟我混熟了，一见到我就会跳出筐子，蹦蹦跳跳地来到我跟前。有时候，它还会跳到桌子上，瞪着小眼睛看我，好像在说："小主人，快去捉蚂蚱给我吃吧。"

吃饱之后，它就练习飞翔，先飞到筐子上，再飞到窗台上，然后再拍拍翅膀飞到门前的那棵小树上。有一次，我把它捧起来一抛，它一下子飞到了老爸的肩膀上，爪子紧紧地抓住了老爸的上衣，拍打着翅膀，摇来晃去，逗得我们哈哈大笑。

整个暑假里，我们家因为小喜鹊的到来充满了欢笑，在大家的共同呵护下，它慢慢地长大，飞向了蓝天。

图图：第二自然段写了小喜鹊的外形特点，它的羽毛黑的"乌黑发亮"，白的"洁白无瑕"，太漂亮了。

小美：嗯，小喜鹊"吃食"一段写得也很有趣，让我们看到了小喜鹊跟小作者由"恐慌"到"混熟"的过程。

图图：最后一个自然段，小作者直抒情感，写出了自己的喜爱。

小乌龟小绿

方钰菲

我家养了一只巴西龟。它穿着青铜色的"盔甲"，三角形的脑袋上长着一对圆溜溜的小眼睛，四条小短腿黄绿相间，就像穿了四只小靴子。因为小乌龟的头和尾巴是深绿色的，所以我给它起了个好听的名字——小绿。

小绿很爱吃肉,每次我用小钳子夹肉喂它时,它总是张大嘴巴,"嗖"的一下把肉从钳子上撕扯下来。瞧,它用两只前爪先把肉撕成一小块一小块的,然后狼吞虎咽地吃起来,真是个"贪吃鬼"。吃饱了,小绿就懒懒地躺在一块石头旁打盹。

不知什么时候,小绿掌握了一项新技能——翻跟头。看,它在玻璃缸里用前爪撑地,脖子伸得很长,再用后左爪用力一撑,就翻了过去。不过,运气不好时,它要翻好几次才能成功。每次小绿翻跟头成功,它总会得意扬扬地抬头看看我,像是在说:"你会翻跟头吗?敢不敢和我比一比?"

我家的小乌龟是不是很可爱呀?如果你也喜欢它,欢迎来我家看看小绿哦!

技巧点拨

无论是对小乌龟的外形还是动作习性的描写,小作者的用词都十分活泼有趣。她善用修辞,写乌龟的壳是盔甲,小短腿像小靴子,翻跟头后像在和自己说话。小乌龟的形象十分鲜活,表达了小作者对小绿的喜爱之情。

16 梁老师的习作学堂
——仔细观察，写好生活中的新发现

梁庆梅

梁老师的"习作妙招一点通"QQ学堂又开始活动啦！今天交流的是"写好生活中的新发现"。

梁老师： 本次习作要求我们把自己的发现写下来，怎样才能把自己的发现写得有意思呢？

豆丁： 要想把自己的发现写得有意思，首先得善于观察才行，因为只有观察细致了，才能有新的发现。生活中可观察的东西有很多，可以观察小动物，也可以观察一种植物或者一种自然现象等，而且我们在观察的时候，还要注意从细微处入手，寻找原来没有发现的东西。

米奇： 光会观察还不够，还要善于从众多的发现中选出一个来具体写。因为我们在观察时可能会有许多新发现，比如发现了蜗牛爬行的秘密，发现了树叶飘落的规律等，这时候我们就要从中选出一个最新颖、最吸引人的发现来写，只有这样你写出的文章才会吸引读者的眼球。

苏欣： 米奇说得对！明确了自己要写的发现内容，也就等于确定了主题。这接下来的写作，我们就需要讲究一些写作诀窍了。

梁老师： 哦，你能具体说说都有哪些诀窍吗？

苏欣：没问题，要写好新发现，首先要把发现的过程写具体。比如，自己是在哪里发现的，是如何发现的，当时的感受等，抓住这个过程来写，作文的条理就会很清晰，让人读起来一目了然。其次，还要注意不能仅仅写自己的发现，还要写清楚自己当时是怎么想的，比如由此产生了哪些疑问，这些疑问又是怎么解决的；写清楚了这些，再写写自己通过观察发现所得到的收获，一篇生动详细的好文章就诞生啦！

豆丁：还有，还有，我们在写新发现的过程中，还要抓住人物的动作来写。"我"是怎么观察的，是怎么发现的，是怎么解决问题的，不同阶段的动作肯定不一样，恰当的动作描写会使人物形象更生动。

米奇：另外，写好新发现还离不开丰富的想象哦！我们在写的过程中要大胆展开想象，可以借助比喻、拟人、夸张等手法，把动植物、自然现象等写活，让它们像人一样会说话、会思考。

梁老师：大家说得真好，我想有了这些妙招，这篇作文大家一定会写得新颖、生动、有趣，期待大家的"新发现"哦！

蚯蚓的"再生术"

顾杰文

去年暑假的一天，刚下完雨，我和伙伴们去操场上玩。玩着，玩着，我突然发现湿湿的地面上有几只小蚯蚓爬来爬去，好像在做游戏，有趣极了。

我想过去看个究竟，可没想到它们竟和我玩起了捉迷藏，眨眼

工夫，那些蚯蚓就扭动着身体钻进湿湿的泥土里藏起来了。

我心想："哼，就凭你们还想和我斗？没门！我可是班中鼎鼎有名的'点子大王'哦！"我瞄准一只蚯蚓的尾巴，伸手就去抓，可没想到它的身体太滑，刺溜一下就从我的指缝间溜走了，转眼就不见了踪影。

我眼珠一转有了主意，如果找来一张卫生纸，等蚯蚓从泥土里钻出来时，我用纸抓住它的尾巴，它就逃不掉了。这办法果然管用，我牢牢地抓住了一只蚯蚓的尾巴，可没想到我用力过猛，竟然一下子把它的尾巴给拉断了。

看着它没有尾巴的样子，我难过极了，在心里不停地对它说"对不起"。可没想到过了一会儿，我发现它的尾巴和头竟又动了起来，怎么会这样呢？我百思不得其解。

正好妈妈过来找我，我赶紧向她求教。妈妈说："蚯蚓具有再生能力，虽然你把它的身体弄断了，但它依然可以活下去，并且断成的两截会分别长出新头新尾来。"

听了妈妈的话我松了一口气，幸亏蚯蚓有"再生术"，要不我可就成了伤害它的"凶手"了。

技巧点拨

小作者首先进行了细致的观察，然后抓住发现的过程展开了细致的描写，点出了发现过程中产生的疑问及解决的方法，尤其是生动有趣的动作和心理活动描写，让我们仿佛看到了一个"点子大王"。

17 他能读懂小动物的心!
——写小动物不妨用点"读心术"

李云

趣味写作故事

大鼻子老师的作文课又开讲了!瞧,大鼻子老师拿着一只布猫走上了讲台。

"同学们,你们看到我手上的这只猫,能猜出来这堂课我要讲哪方面的写作技巧吗?"

"怎样去写动物?"张冲一马当先说道。

"那你们认为怎样才能写好关于动物的文章呢?"

"写外形要侧重静态描写,写活动情况要侧重动态描写。按照由静态到动态,从外形到活动,有层次、有条理地观察和描写。"

"首先要描写小动物的外形——头部、尾部、四肢、毛色是什么样的,然后再写写它的生活习性。"

"要写一件发生在你和动物之间典型的事,这样更能表达你对小动物的喜爱之情。"

…………

"同学们说得都不错。不过,我认为最关键的一点就是要读懂小动物的心。"

这下,教室里一片哗然。

"老师,您是不是发烧了?"

"小动物又不会说话，没法和它们交流，怎么读懂它们的心啊？"

"是呀，这太不靠谱啦！"

听到同学们的质疑，大鼻子老师一点也不生气，而是点了下鼠标，大屏幕上立刻显示出下面的内容：

前些日子，我家狗狗学会了按照我的指令打滚，我是逢人就夸。小猫咪咪听得多了，也许有点不服气。接下来的几天，每天早上打开大门，门外最显眼的地方，就会有血淋淋的一丝鼠肠或一只鼠腿——这当然是咪咪的战绩，是它割下"敌寇"的"首级"，向主帅报功呢。我突然明白了，它有心留下这一口，无非是表示它没有白吃饭，至少不比狗狗草包到哪里去。

比较麻烦的是，它割来的"首级"不但有鼠肉，有时也有鸡肉或者鸟肉。这就是说，它一直不清楚自己的职责范围，一直把小鸡和小鸟看作了有翅膀的老鼠。尤其是那种灰黑色的小东西，在它看来一定是老鼠乔装打扮的，决不可放过和轻饶。我家的鸡崽儿为此减员大半，使我们后来根本不敢买小鸡，尤其是黑毛小鸡。我气得大骂它践踏法律，但它瞪着眼睛并不理解。

有一次，它叼着满满一口黑毛兴冲冲地跑来，再一次引起公愤："你叼鸟做什么？讨打啊？"我破口大骂一顿，吓得它东躲西藏，嘴里却决不松口。我抄起树棍猛追，又用泥块连续射击，打得它在林子里乱窜，最后呼啦啦跳上了墙。但它还是死叼着小鸟不放，眼里满是委屈和困惑，对我不赏反罚大为义愤。

这一天晚上，它很晚都不回家，可能是已被一只鸟塞饱了肚子，也可能是想狠狠地发一回脾气。

大约三分钟后，教室里响起了热烈的掌声。

听着这掌声，大鼻子老师笑呵呵地说："我有自知之明，知道这掌声不是给我的，而是给我展示的这个文段的。我们先来看第一自然段，作者是怎样揣摩小猫咪咪的心思的？"

"作者认为小猫咪咪对他夸奖狗狗这件事'有点不服气'，而且通过咪咪的行为，认为它是为了'向主帅报功'，'表示它没有白吃饭，至少不比狗狗草包到哪里去'。"王丹发言道。

"这样写太有趣了！"张冲站起来说，"我觉得作者把咪咪当作一名有着一点嫉妒心理的战将来写了。"

"我们再看看下面两个自然段。对于咪咪抓小鸡和小鸟这件事，作者又是怎样理解的呢？"大鼻子老师继续发问。

"作者认为咪咪'不清楚自己的职责范围'，'尤其是那种灰黑色的小东西，在它看来一定是老鼠乔装打扮的，决不可放过和轻饶'，还气得'大骂它践踏法律'。"

"如果作者不揣摩咪咪的心思，而只是简单地叙述这件事，会怎么写呢？"说着，大鼻子老师点了一下鼠标，大屏幕上显示出下面的内容："这咪咪把鸡、鸟和那种灰黑色的小东西当老鼠来捉，搞得我家都不敢再买小鸡了。唉，真是气死我了！"

"这样一来，一点都不生动了啊！"李峰摇摇头说。

"我们再来看看咪咪的反应，文中是怎样描述的？"大鼻子老师不动声色。

"咪咪'死叼着小鸟不放，眼里满是委屈和困惑，对我不赏反罚大为义愤'。"大家一起读出了文中的句子。

"从咪咪'死叼着小鸟不放'这个动作，作者读出了委屈、困惑，还有义愤，咪咪的形象立刻鲜活起来了。"李峰又来了精神，

站起来说。

大鼻子老师笑着点点头，说："我们再来看最后一段，对于咪咪很晚都不回家的行为，作者是怎样揣测的？"

"咪咪'可能是想狠狠地发一回脾气'。"大家异口同声地回答。说完，班里的几个女生还捂着嘴嗤嗤地笑。

"你们喜欢这样的咪咪吗？"大鼻子老师问道。

"喜欢！真是太有趣了！"

"咪咪是个很有个性的小猫哦。"

"其实，很多小猫都做过咪咪这样的事，你们有没有想过，为什么作者笔下的咪咪显得特别有趣呢？"大鼻子老师又抛出了问题。

"因为他会'读心'！"张冲喊道。

"他能读懂小动物的心，知道咪咪是怎么想的。"王丹站起来补充道。

大鼻子老师示意王丹坐下，笑着说："你们说得对。正因为作者读懂了小动物的心，不仅描写小动物的行为举动，还写小动物的喜怒哀乐，让它有了人的思想与情感，他的笔下才会流淌出这样饶有趣味的文字。同学们，在写小动物时，如果想使你的描述活泼生动起来，就不妨用点'读心术'吧！"

虎子

杨玺

一天，我和爸爸去大伯家，刚到大门口就听到一阵"汪汪"的叫声。我不由得加快脚步走进院子，呵，是一只帅气的大狼狗。

大狼狗被铁链拴在一棵枣树上，大大的眼睛，一身棕色的皮毛闪闪发亮，身后还有一条长尾巴。看到我，它立刻直立后腿，面露凶光，龇着牙"汪汪"乱叫，吓得我赶紧躲到爸爸的身后。

爸爸笑着说："你俩是第一次见面，彼此不认识，我来给你们介绍介绍吧。"说完，便走到狼狗身边，摸了摸它的头。狼狗见到爸爸，一下子变成了温顺的小猫，又是摇头又是摆尾，还亲昵地伸出舌头舔爸爸的手。

"虎子，这是我儿子林林，不能欺负他哦。"爸爸向狼狗介绍我说。它好像听懂了爸爸的话，看我的眼神没有刚才那么凶了。

吃饭时，我把吃剩的骨头拿给虎子吃。虎子感激地看了看我，然后大口吃起来。吃完后，它扭动着身子用头在我身上蹭来蹭去。后来，我还牵着它在院子里遛弯，教他跳高、踢球，它很聪明，一学就会。只一个中午的时间，我俩就成了好朋友。

下午，我要离开了，虎子好像舍不得我走，一直挣铁链子，发出"咔咔"的声音。

回家的路上，我对爸爸说："过几天我还要来看虎子，它是我的新朋友，我很喜欢它。"爸爸听后直点头。

技巧点拨

和人物描写比起来，动物描写更要注意对动物动作的描写，因为动作最体现动物的特性。本文里，大狼狗虎子的动作虽然寥寥几笔，但是对于大家熟悉的狗来说，本就不必过多描述，小作者选取的动作，已经足够体现狼狗的特点。

18 给小动物设计名片
——以第一人称写小动物

张岩

张老师：同学们一定去过动物园或海洋公园，见过许多小动物，有憨态可掬的大熊猫，顽皮的小猴子，优雅的长颈鹿……有谁了解它们，能给它们制作一张名片呢？

丁丁：人有名片，动物也有名片吗？该说些什么呢？

张老师：我们先来看一下薛爱华同学为鲸设计的名片：

我的名字叫鲸，我可以自豪地说，我是世界上最大的动物，如果我把嘴巴张开，可以当餐厅，里面放上一张桌子，周围坐上五六个人绝对没有问题。当我还是婴儿的时候就有3吨重、7米长。我每天体重约增加90千克，每小时增加4千克，我每天能吃3吨食物，惊人不惊人？有人叫我鲸鱼，千万不要误会，我可不是鱼哟。

丁丁：薛爱华在给鲸设计名片时主要写了它体积庞大的特点，还用了很精确的数字说明。

嘟嘟：我观察到，小作者在给动物设计名片时，用了第一人称"我"的口吻来介绍。

张老师：丁丁和嘟嘟都是有心人。瞧，给动物设计名片很简单，首先要搜集动物的有关资料，对它有一定的了解；其次，抓住动物的特点，使用恰当的说明方法来介绍。我们再来看薛爱华同学为海龟设计的名片：

你们可能在电视里和水族馆中见过我，我的名字叫海龟，个儿挺大，体长可达2米多，体重有300多千克，我的潜水本领非常出色，可以在水下停留一昼夜或更长的时间，我还有一种"特异功能"，外出旅游不管走多远，从不迷失方向。

丁丁： 作者主要写了海龟的本领——会潜水、方向感很强。

嘟嘟： 通过上面两个片段，我总结后发现，用第一人称给动物设计名片，首先要介绍自己是谁，写写外形；其次，说说自己与众不同的地方，比如生活习性或有哪些特殊的本领。

张老师： 看来大家已经掌握本次习作的窍门了。还等什么，快给喜欢的动物设计一张名片吧。

 丁丁陪你写作文

熊猫兔

周杨晗瞳

大家好,我是熊猫兔,是兔家族中的一员。你一定对我的名字感到很好奇,其实这和我的外形有关系。我的眼睛是黑色的,鼻子四周和脖子到前脚的地方为白色,其他地方是黑色,和大熊猫一样全身只有黑白两种颜色。不过,我可没有大熊猫的体型大,标准体重为3.5磅①~5.5磅,体型娇小,属宠物兔。

虽然我长得很可爱,但是很娇弱。如果你想把我领回家,一定要用心照料我哦。我不但怕冷,而且怕潮湿、怕脏,一个温暖舒适的家对我来说很重要,适宜温度是25℃~32℃,湿度为40%~60%,要保持通风良好、环境卫生。另外,我还有个特点——胆子很小,很怕突然听到大的声响。所以,我喜欢待在安静的角落。

这就是我的名片,现在发给你一张,期待和你成为好朋友。

 技巧点拨

本文语言活泼、笔调轻松,小作者以第一人称,从名字、外形和性格等方面描写了熊猫兔可爱的形象,同时还通过对比、列数字等手法,使描写更加生动。

---

① 1磅=0.454千克。

第四章

植物大狂欢
——植物描写有奇招

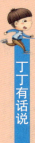

丁丁有话说

春天,百花齐放,艳丽夺目;夏天,绿柳白堤,清爽怡人;秋天,麦子金黄,丰收喜人;冬天,松柏常青,屹立不倒。一年四季里,各种各样的植物点缀着我们的生活,让我们的每一天都精彩纷呈,你有没有最喜欢的植物呢?你会如何跟别人介绍它?别再等了,快跟着老师去看看怎么写吧!

19 胖胖熊三写美人蕉
——由看见到看清，再到看懂

谭建山

又到周末了，山羊老师让大家仔细观察一种植物，然后写一篇习作。

一听写植物，胖胖熊激动得几乎跳起来。"这有什么难的？昨天晚上我和妈妈外出散步，还看见几株盛开的美人蕉，可漂亮啦！"

回到家，胖胖熊摊开本子写了起来："昨天晚上，我和妈妈到公园散步。公园一角，长着几株美人蕉，我走上前去，细细观赏起来。它们长得和我一般高，有绿色的叶子，花也开了许多，有红色的，还有黄色的，真漂亮！"

周一早晨，胖胖熊早早来到学校，把作文交给了山羊老师。山羊老师看完后对他说："你只写了美人蕉植株的高矮，叶子和花的颜色，也就是说，你只是走马观花地看了一下。至于美人蕉叶子的大小、形状，还有花的一些特点都没有具体写出来。这样吧，今天晚饭后，你再去仔细观察观察。"

晚饭后，胖胖熊又来到美人蕉跟前，按照由叶到茎，再到花的顺序，一边仔细观察，一边做记录。回到家，他一口气写完了观察所得。这次，他是这样写的——

美人蕉绿色的叶子很厚、很宽大，就像一把把大蒲扇，就连叶子上面的叶脉也十分清晰。新长出的叶子有的似笋芽,有的似火炬,一层层交错着,顺着主干盘旋而上。美人蕉的茎是紫红色的,外面好像包着一层白色的茸毛。那茎很直,顶端伸出几个花苞,每个花苞都开出了鲜艳的花朵,有红色的,还有红黄相间的,在黄色花蕊的点缀下,显得鲜艳夺目,十分好看。远远望去,红的似火,黄的如霞。游人见了,无不发出啧啧的称赞。

写完后,他又反复读了几遍,觉得满意了,才甜甜地进入梦乡。

第二天早上,胖胖熊刚到教室门口,山羊老师就迎了上来:"胖胖熊呀,你的那篇作文改好没有?"

"老师,昨天晚饭后,我特意又去观察了一遍,这次看得可仔细了,您看我写的。"说着,他递上了作文本。

"不错,不错!"山羊老师看完后夸奖道,"你看,写叶子,不仅写出了叶子的颜色,还写出了叶子的形状、大小,就连叶脉、新长的叶子,还有茎也观察到了。对花的描写也很细致,运用了比

喻手法，文章就生动形象了，总之比前天写的好多了。这说明你观察美人蕉，由看见到看清了。"

"您说好多了，那说明还不是最好呀！"胖胖熊望着老师说，"怎样才能写得更好呢？"

"其实，文中还可以简要介绍一下美人蕉的有关知识，如它的生长特点等。也就是说，观察一种植物，光看见是远远不够的，只看清它的样子也是不够的，还应通过请教别人、查阅相关资料，把它彻底看懂才好。这就是观察要做到的三部曲，即由看见到看清，再到看懂。"

胖胖熊听罢，豁然开朗。回到家，他打开电脑，上网搜寻有关美人蕉的知识后，得知：美人蕉属多年生草本植物，原产于美洲、印度、马来半岛等热带地区。花期自初夏到秋末。花色有大红、粉红、橘红、紫红、乳白、红黄相间等。喜温暖湿润气候，不耐霜冻，性强健，适应性强，几乎不择土壤，根芽分生能力强，繁殖快，花期长，是一种很好的观赏植物。

经过一番查询，胖胖熊了解了美人蕉的有关知识。后来，他将这些知识充实到自己的作文里，在老师的推荐下，这篇文章还发表了呢！

美丽的水仙花
张蓓

上周，爸爸从花市买回一个花盆和一个水仙花球茎种子。那球茎像一个巨大的蒜头，在爸爸的帮助下，我把它"种"在了花盆里。

　　水仙花的培育方法很奇特，不需要肥沃的土壤，只要在花盆里放些石子和水，它就能成活。每天起床，我要做的第一件事就是把水仙花端到阳台上晒太阳，隔一两天，还给它浇一次水。

　　一天，我发现从球茎里钻出几片绿色的叶子。叶子很长，叶面平滑碧绿，像一把把锋利的剑。过了几天，从水仙花碧绿的叶丛中钻出一根根绿色的花茎。又过了一段时间，花茎上长出了花蕾，像一个个小萝卜，饱胀得像要马上破裂似的。

　　有一天，我惊喜地发现，水仙花开了！美丽的花朵洁白如玉，清新淡雅，散发着阵阵芳香。那花有的绽开了三四片花瓣，有的全开了。我数了数，全开的有六片花瓣，雪白的花瓣中间长着几丝花蕊，细细的，长长的，像艺术家雕刻而成似的。

　　我出神地望着水仙花，仿佛自己也是一朵洁白的水仙花，盛开在阳光中，如痴如醉，忘记了周围的一切。我爱水仙花，爱它的高雅脱俗，更爱它顽强的生命力！

技巧点拨

　　冰冻三尺，非一日之寒。对植物的观察，尤其是正在生长的植物，不是一天两天就能完成的。本文的小作者很耐心，观察描绘了水仙花不同花期的形态，形象地写出了水仙花的高雅脱俗。

20 绿树村边合
——抓住树木的不同特征展开描写

陈宏哲

"丁零零——"上课铃一响,山羊老师夹着课本走进教室。

"同学们,这节作文课我们来写一种自己熟悉的树木。"山羊老师扶了扶眼镜说道。

"在我眼里,许多树木都高大挺拔,怎样才能抓住树木的特点,让人一看就知道我们写的是什么树木呢?"一向爱思考的百灵鸟提出了问题。

"这个问题问得好!想写好本次习作,就要在细节描写上下足功夫,如抓住树木的枝、干、叶、花、果等的不同特征去描述。"山羊老师捋了一把山羊胡微笑着说。

"这下我知道怎样下笔了。"百灵鸟高兴地说。几分钟后,它就亮出了自己的习作片段:

我家楼下有几棵桂花树,它们四季常青。平日里桂花树并不起眼,常常被冷落。可是到了中秋节前后,桂花盛开,人们离很远闻到香味,就忍不住赞美两句。满树的桂花远远望去金灿灿的,走近仔细一瞧,每一朵桂花就像米粒一样大,小巧玲珑,讨人喜爱。它们总是一丛丛、一簇簇拥抱在一起,就像舍不得分开的好朋友。每次路过它，我都会情不自禁走到树下深深呼吸，陶醉在那桂花香中。

"我好像闻到桂花的香味了。"憨厚的小牛眨巴着大眼睛说道。接着，它拿出了自己的习作片段——

冬天来了，北风呼呼地刮着，其他树木低着头、弯着腰，瑟瑟发抖，唯有白杨树仍昂首挺胸。天寒地冻，下起了鹅毛大雪，雪花像是被白杨树顽强的精神感动了，慷慨地送给它一件白色的棉衣。白杨树那不屈不挠的精神总是不断激励着我！

"同学们写得都很不错，不仅抓住了树木的特点，还在字里行间表达出自己的喜爱之情。尤其是小牛，写出了白杨树不畏严寒、不屈不挠的精神品质。"山羊老师在课上总结道。

现在，你知道该怎样去写一种树木了吗？诀窍就是：抓住树的枝、干、叶、花、果的不同特征来写，表达出自己的喜爱之情。

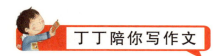

银杏树

秦媛媛

我们小区的花园里有两棵银杏树，它们高大挺拔，有两三层楼那么高，像威武的巨人。不知道它们度过了多久的岁月，就连小区里的老人也不知道它们的确切年龄。

据说，这两棵银杏树，一棵是雌树，一棵是雄树。它们很有默契地相互靠拢，就像一对共同经历了风雨的朋友。春天，两棵银杏

树的枝头萌生出嫩芽,很快就长成了扇形的叶子,小小的、嫩绿嫩绿的。一阵风吹过,还会有几片调皮的叶子围着银杏树妈妈飞舞,别有一番情调。每当这时,我就会捡起一两片叶子,拿回家做书签,或者做成工艺品,贴在墙上。

夏天,银杏树长得非常茂盛,上面挂满了翠绿色的"小扇子"。傍晚,工作了一天的人们来到银杏树下乘凉,两棵银杏树仿佛两把大扇子,把人们的暑意都赶跑了。

秋天,银杏树上的"小扇子"由绿泛黄,我常打趣说这"扇子"很珍贵,还会变颜色呢!雌树授粉之后,结出了嫩绿色的小果子,一串一串的,像是在扎堆聊天,又像一串串熟透的青提被人挂在了树上,非常有趣。果子由绿变黄,似一串串黄澄澄的小柿子挂在枝头。而雄树呢,金黄色的树叶犹如黄蝴蝶一般,成群结队地飞舞起来,它们忽而旋转,忽而高飞,忽而轻轻飘落……最后,它们纷纷落到地上,给大地盖上了一层金黄色的地毯。

冬天来了,怕冷的银杏树在寒风中瑟瑟发抖,就连身上的叶子也掉光了。不过,一场雪过后,银杏树就穿上了暖和的"白外套"。太阳出来了,银杏树高兴极了,但是一激动,身上的"白外套"竟弄丢了。

这就是每天陪伴我的两棵银杏树,有机会来一睹它们的风采吧!

 技巧点拨

你看,小作者笔下的银杏树叶子像翠绿色的"小扇子","金黄色的树叶犹如黄蝴蝶一般,成群结队地飞舞起来",画面非常美丽,喜爱之情自然而然地表达出来了。

21 会开碰碰车的花
——写景物要交代清楚方位顺序

黄义正

小可可喜欢跟爷爷养花，也喜爱写花。

周六上午，她把椅子搬到院子里，坐在石桌子前，先认真地看了看院子里的花，接着写起来：

我家前院摆着许多盆花，有迎春花、茶花、海棠、兰花、菊花、仙人球等。迎春花开了，金光闪闪的一片；茶花开了，像是一棵挂满小灯笼的圣诞树；海棠花开了，躲在绿叶中和我捉迷藏；兰花开了，满院子都能闻到香味；菊花开了，有小小的"满天星"，有比拳头还大的金丝菊……

小可可写到这里，站起来伸个懒腰，想休息一下。她转了个身，竟看到院里的花一盆盆转动起来，在地上像开碰碰车似的相互碰撞着，看得她眼花缭乱。

小可可大声地叫道："好奇怪啊，院子的花开起碰碰车来了！"

这时，院子里的花开口说话了："可可姐姐，我们不是开碰碰车，是在找自己的方位呢！是你写的时候，把我们原来的方位弄丢了！我们现在没有了固定的位置，只能这样碰来碰去的！"

小可可听了花儿们说的话后,把自己写的习作仔细看了一遍,发现真的没有写出它们摆放的方位,于是赶快拿起笔,重新写了起来:

我家的院子里摆着许多花。迎春花不怕冷,摆放在大门顶上,寒冬腊月开的时候,一片金黄;茶花树高大,放在院子中央,一般春节前后绽放,就像是圣诞树上挂满了小灯笼;海棠喜欢晒太阳,摆在院子中间的跑道两旁,夏天开花的时候,躲在绿叶间和我们捉迷藏;兰花怕晒太阳,放在左边的墙角下,花儿虽小,但是很香;菊花怕冷,摆在廊下的架子上,到了秋天,各种颜色的菊花一起开放;仙人球耐旱,摆在西边的围墙上……

小可可改完后,再站起来看时,那些互相碰撞的花,都在她写的方位上整齐地摆放着。暑假期间,迎春花、茶花早已开完,正在休息似的;海棠花开得正旺,躲在绿叶间和她捉迷藏呢;墙角下的兰花给院子送来淡淡的清香;仙人球也吹起了"小喇叭"……

小可可高兴地说:"我知道了,写景物可要交代清楚方位顺序哦!"

顽强的牵牛花

陈鑫悦

一天,我发现我家院墙的墙缝中长出了两片淡绿色的小叶子。我很诧异:墙缝里几乎没有泥土,是什么草这么顽强?从此,这两片小小的叶子让我牵肠挂肚，我每天都要去看望一下它。

叶子靠着阳光雨露，疯狂地生长着，一星期的时间，竟长了十多厘米长。这时，我才认出它的真面目——一株牵牛花。于是，我又仔细地打量起它来。瞧，它那嫩绿的叶子像碧玉一样富有光泽，它的藤虽然纤细，却紧紧地抓住墙面，向上伸展。我不敢去触碰它，生怕这弱小的生命会落了叶、断了藤。

一个月后，我惊喜地发现，牵牛花长出花苞了。又过了几天，牵牛花开出了淡紫色的花朵，仿佛一个个小喇叭，吹奏着美妙的音乐；又像小女孩身上穿的舞裙，一转圈，裙子就完全展开了。

牵牛花靠着墙体中仅有的一丁点泥土，借着阳光雨露茁壮生长，并绽放出美丽的花朵。它顽强的生命力多么震撼人心啊！

技巧点拨

小作者在对牵牛花叶子生长过程的描写上，着重表现牵牛花的顽强生命力，牵牛花的花朵在小作者笔下也显得更加优美，这样写不仅突出了植物的特点，也赋予植物可敬的精神，表达了自己的钦佩之情。

22 让水果走进课堂
——在生活中体验，在体验中写作

曹雨

我一直想让同学们写一篇关于水果的作文，借着这次上作文课的机会，我将水果宝宝们请进了课堂。

上课时，我将橘子、桃子、苹果、橙子等陈列在讲台上，孩子们的眼睛中充满了好奇。他们还不知道我今天的意图，每一张小嘴巴都张成了"O"型。加上孩子们都穿着校服，一眼望去，真是一个挺滑稽的场面。

"你们看到了什么？"我问。

"我看到了各种各样的水果。"

"我看到了黄澄澄的梨、弯弯的香蕉，还有红扑扑的苹果。"

"老师，我口水都快流下来了。"

看来这些确实比图片更有诱惑力，43双小眼睛都集中在我这儿。我拿起苹果，托在手上，方便每个人观察。我让孩子们先观察它的形状。有的说圆乎乎的，有的说胖嘟嘟的，有的说像心。接着，我让孩子们摸摸它。一双双小手举得老高，他们都跃跃欲试。他们小心翼翼地抚摸着苹果，好像害怕它会裂开。

"老师，苹果的皮肤真光滑。"一个得到机会的孩子很兴奋。

"有人说苹果象征着成熟与丰收，你们知道为什么吗？"我问。

"我知道,我知道,因为苹果在秋天成熟。"

"因为苹果的颜色,像秋天的枫叶,红红的。"

"苹果成熟了,农民伯伯很开心。"

"想象一下,满树满枝挂满了这样的红扑扑的苹果,该是怎样一幅图画呀!"我引导孩子们想象。

"像一个个调皮的小宝宝,咧开嘴巴在笑呢!"这个答案太棒了。

"苹果皮是红色的,那么你们知道苹果的果肉是什么颜色的吗?"我接着追问。

"是黄色的。"一个同学说。

"不对,是淡黄色的。"另一学生纠正道。

"老师,老师,果肉的颜色是类似于奶片的淡黄色。"郑洋说。

看来孩子们平时是善于观察的。我拿出小刀,轻轻地削开果皮,果然露出了类似于奶片的淡黄色的果肉。郑洋立刻眉开眼笑,为自己富有想象力的答案而欣喜。

"想闻闻苹果的味道吗?"我笑着问。

"老师,我闻到了香香甜甜的味道。"

"我觉得苹果的香气很清新。"

"我觉得像妈妈的香水的味道。"

…………

我在黑板上写下了"沁人心脾"四个字,用这个词语形容水果的香味再好不过了。孩子们有的煞有介事地点点头,有的自觉地默念这四个字。

"想尝一尝吗?"

孩子们脸上露出了不可思议的神色。我小心地切开果肉，递到一个孩子面前。她慢慢地咀嚼着，久久不肯咽下去，好像今天的苹果特别好吃。

"老师，我觉得苹果很脆。"

"我的嘴里面都是苹果的香味。"

"苹果真甜。"王宇铭说。

…………

突然，一个小家伙举起了小手，好像有什么重大发现："老师，我知道削好的苹果放得时间长了会变成褐色。"好多小朋友点

头表示赞同。

我补充道:"那是苹果被氧化了,我们常常称之为苹果'生锈'了。"

"所以,削好的苹果要尽快吃掉。"一个同学连忙补充。

蒋涵羽的眼神追随着我,小手举得高高的,还忍不住拉扯我的衣服。我知道,她又有课外知识要补充了。小家伙的回答确实新奇:"苹果被称为'记忆之果',因为常吃苹果能够促进大脑发育,增强记忆。"

"你是怎么知道的呢?"

"我是从课外书上看到的。"

"这就叫会读书,希望大家都能像蒋涵羽这样,勤读书,会读书,学以致用。"

让水果走进课堂,让孩子们接触和实践,让他们大胆发言,这是我的一个新的尝试。

丁丁陪你写作文

家乡的杨梅
郑雅婷

"梅山的杨梅扬天下!"每当提起家乡的鲜果——杨梅,我都会垂涎三尺。

家乡的杨梅形美。每年六月中旬,杨梅便成熟了。远望杨梅林,就像一大片茂盛的花丛,红果、绿叶两相映。那一颗颗杨梅,就如含苞欲放的火红花蕾,又像一个个精致的小灯笼,鲜艳至极,诱人至极。微风一拂,火红的杨梅纷纷从绿叶中探出头来,仿佛在

说：“我们都成熟了，味道美极了，快快把我们采摘了吧！"

家乡的杨梅味美。要是你摘下一颗放在嘴里，平滑的小刺触到你的舌尖，便有了微微的酸、淡淡的甜。牙齿轻轻一咬，鲜红的汁水就会溢满整个口腔，那酸酸甜甜的感觉一直浸透到心脾，令你全身舒服。杨梅的味道丝毫也不比荔枝差，所以，在我们这儿有"杨梅赛荔枝"的说法。

杨梅不仅味美，而且营养丰富，还有一定的药用价值。每100克杨梅果肉中含有果酸1.8克。果酸既能开胃生津，消食解暑，还具有减肥的功效，爱漂亮的女生们，可千万别错过哦。杨梅中还含有丰富的维生素C、维生素E等，每100克杨梅果肉中含有维生素C9毫克、维生素E0.81毫克。吃杨梅不仅可以补充维生素，还可以起到防癌抗癌的作用。杨梅对大肠杆菌、痢疾杆菌等细菌也有抑制作用。如果你患有轻微的闹肚子毛病，吃一些杨梅，就会不治而愈啦！

杨梅虽好吃，但也要注意。如果你上火了、牙疼了，那就只能忍痛割爱啦，否则会火上浇油，令你的牙疼病加重。

 技巧点拨

本文按"总—分—总"的结构安排材料，先总说后分说。在分说部分，作者介绍了杨梅的形、味、营养与药用价值等，末段补充说明哪些人群不适宜吃杨梅。文章每段的段首都有中心句，这样便于读者把握本段所要说明的主要内容。

感悟生命的真谛
——让自然万物鲜活起来

郑美产

白雪公主布置了一篇习作，要求迷糊鬼、喷嚏精、害羞鬼、万事通、开心果、瞌睡虫、爱生气七个小矮人写一篇与生命有关的习作。七个小矮人用了很长时间去了解大自然中的生命现象，回想发生在自己或他人身上的有关生命的故事，获得了一些有关生命的感悟。一个星期一的早晨，他们聚在一起，畅谈起各自的收获。

开心果： 春天赋予万物生机与活力。我发现春天一到，到处是生机勃勃的景象。我想写写早春看到的树木。

立春一过，春姑娘就像催生婆似的，催着世间万物生长。一夜间，原本没精打采、枯萎的树木获得了重生，枝丫间冒出点点新绿。这些小嫩芽铆足了劲儿向上生长，不出几天，就长出了嫩绿的小叶子。一阵微风吹过，每一片叶子都抬着头，似乎在感谢赐予它们生命力的春姑娘。

白雪公主： 开心果讲的是春天树木复苏的景象，展示了生命的力量。

喷嚏精： 世间万物都有自身的生长规律，我准备写写妈妈养仙

人球的经历。

我妈妈平时喜欢养花种草。一天,她从花卉市场买来一棵仙人球,把它种在一个漂亮的小花盆里。妈妈对仙人球爱护有加,经常拿着喷壶朝仙人球喷水,特别关心它的生长情况。

半个月后,仙人球不仅没有长大,反而像生病了似的,一点精神也没有。瞧,原本碧绿的小刺变黄了,富有光泽的皮肤变得暗淡了,有些地方还出现了溃烂。妈妈看后,急得不知如何是好。这时爸爸开口了:"仙人掌喜强烈光照,耐炎热、干旱,生命力顽强,管理宜粗放。你之前的养护方法违背了它的生长规律啊!"后来,妈妈把仙人球移至阳台的最外面,让阳光照射,很少给它浇水。三个月后,仙人球居然开出了一朵小花。

白雪公主: 喷嚏精做到了留心观察生活。不错,任何生物都有自己的生长规律,我们必须遵循,才能更好地保护它们。

害羞鬼: 我认为生命只有一次,我们每个人都应该加倍珍惜。所以,我想以"安全重于泰山"为主题提醒人们注意交通安全。

白雪公主: 害羞鬼的选材很不错,他由日常生活中的交通安全状况引发思考,提醒人们应遵守交通规则,珍爱生命。

瞌睡虫: 前段时间我读了《海伦·凯勒》这本书,被主人公身处逆境仍热爱生命、顽强学习的故事打动了。

海伦一岁半就双耳失聪，双目失明，却凭着自己坚强的毅力克服了常人难以想象的困难，并以优异的成绩考入美国哈佛大学。她身残志坚，与命运抗争，她这种不屈不挠的精神多令人敬佩啊！

白雪公主： 这个故事很感人。我们要向海伦学习，用不怕困难、不服输的精神去对待学习和生活。大家的选材非常广泛，都讲出了自己对生命的感悟。

迷糊鬼： 老师，听了您的讲解和小伙伴们的发言，我认为这次习作就是由看到或经历的一件事或某一生命现象而引发对生命的思考与感悟。所以，写的时候要将最打动人心的场景作为重点写下来。

白雪公主： 迷糊鬼总结得很到位，现在大家就拿起笔将心中的想法一吐为快吧！

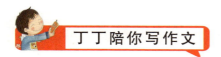

爬山虎

张正琦

姥姥家楼的侧面有一片爬山虎，密密地遮住了一面墙，像一个巨大的绿色门帘，非常引人注目。

瞧，爬山虎的每一根叶柄上都长着四五片卵形的叶子，像一朵小小的绿色的花。秋天，爬山虎的叶子红了，叶柄也红了，远看，如同葡萄酒泼洒在了整面墙壁上。

入冬后，在红叶子凋落的地方会长出乌黑的种子，就像一串串黑珍珠。有几枝爬山虎爬到了电线上，又垂下来，像个挂饰。一阵风吹来，"挂饰"随风轻摆，非常好看。

爬山虎是从墙角那长不过一米、宽不足半米的地方长出来的，那里堆有很多小石子儿。可就在这样的环境下，爬山虎那几根粗大的茎直伸到楼顶，像结实的树藤。我抓住一根茎使劲往下拽，它竟纹丝不动……

爬山虎是靠什么爬到楼顶的呢？

是靠它的"脚"呀。它的"脚"刚长出来是嫩绿色的，又细又软，让人感觉根本扒不住墙。可它的"脚"越长越硬，颜色也渐渐变成了棕色，在细丝的末端长出了小圆片，像吸盘一样，伸进墙的缝隙里，紧紧地扒住。爬山虎就是这样一点一点地爬上去的。

我曾试过去拔爬山虎的"脚"，一使劲，连小石子儿也被扯了下来。它的"脚"可真有劲啊！

顽强的爬山虎像在告诉我们：只有勇攀高峰才能取得成功。

技巧点拨

这篇习作描述了爬山虎的外形及生长特点，赞颂了其旺盛的生命力和脚踏实地、执着顽强的精神。习作对爬山虎顽强的生命力进行了详描细写，突出了文章主题；同时，比喻修辞手法的恰当运用，增强了文章的表现力。

24 不一样的"喇叭"
——认真观察，准确描写

郭述军

  我家的院子里种了好多花。这些花有妈妈种的，也有爸爸栽的，只有两棵是我种的：一棵是牵牛花，一棵是茉莉花。现在，牵牛花已经爬上了高高的竹竿，把头探上了墙头。茉莉花呢，也由一棵嫩苗长成一大株，枝叶油亮光滑，花朵已经开满枝头了！

  今天的习作课，老师让我们写自己喜欢的花。还用得着考虑吗？我当然是写我的牵牛花和茉莉花了。当别的同学还在苦思冥想的时候，我已经写出了一大段文字——

  牵牛花是一只只大喇叭，茉莉花是一只只小喇叭。它们都喜欢把喇叭口朝向天空，像是要把声音广播到云彩里似的。每天早晨，它们争相开放，而到了傍晚，似乎广播了一天都累了，它们就收起喇叭，蜷缩着睡觉了……

  我看着写下的文字，有种说不出的喜悦，因为自己还从未像今天这样，能够写出这么多漂亮的词语，这么多优美的句子。我想，老师看了一定会表扬我的。

  于是，我第一个把习作交给老师。老师认真地看了一遍，又看

　　了一遍，然后她果然夸奖了我："哎呀，你的想象真丰富，把牵牛花和茉莉花写得那么形象生动。的确，它们都像小喇叭呢！"

　　听到老师的夸奖，我比新年得了压岁钱还兴奋。谁知，老师又说："不过，有一点你写错了，回家后再仔细观察一下牵牛花和茉莉花吧，你就知道错在哪儿了。"

　　好奇怪，哪个地方写得不对呢？牵牛花和茉莉花的影子就印在我的脑子里，怎么会写错呢？我几乎怀疑老师有没有见过这两种花了。

　　放学回家，我做的第一件事就是去看花，仔细地观察花。这一看，我竟一下子发现了不同：茉莉花正在盛开，牵牛花却枯萎了。怎么会这样呢？我不明白。第二天早晨再去看，结果又吃了一惊：

早晨牵牛花盛开了,茉莉花却打蔫儿了。我拍拍脑门儿,突然明白了,原来牵牛花和茉莉花开花的时间是不同的,牵牛花喜欢早晨开,茉莉花喜欢晚上开。

牵牛花和茉莉花是完全不同的"喇叭"呀!不仔细观察,还真容易弄错呢。我高兴极了,赶忙将习作进行了修改。我想,以后我一定要养成仔细观察、认真思考的好习惯,只有这样,才能写出真正的美文来。

含羞草"害羞"啦

陈鎏

昨天早晨,我洗手的时候发现,花盆里的含羞草种子长出了小绿芽!我欣喜不已,想用手触碰它一下,但又怕它太小、太脆弱,会被我伤到。于是,我找来喷水壶,朝着含羞草轻轻地喷了一下,没想到含羞草立刻"羞答答"地把叶子收缩起来。

我兴奋地大声对妈妈说:"快看,含羞草'害羞'啦!""真的?这么快就长出来了?"妈妈半信半疑地过来一探究竟。她用手温柔地抚摸了一下含羞草刚刚舒展开的绿芽,含羞草像个怕羞的小姑娘一样把叶子合拢了。

"没骗你吧?"我笑着说,"妈妈,含羞草不像一株植物,倒像个小动物呢!"

"说得好!植物与动物不同,没有神经系统,没有肌肉,它不会感知外界的刺激。而含羞草与一般的植物不同,它在受到外界触动时,会叶柄下垂,小叶片合闭,这个动作被人们理解为'害

羞'，故称它为含羞草、知羞草。"妈妈耐心地讲解道。

"那，为什么别的植物不害怕别人触碰，只有含羞草这么特殊呢？"我不解地追问。妈妈见状，答："含羞草的这种特殊的本领，是有它的一定历史根源的。它的老家在南美洲的巴西，那里常有大风大雨。每当第一滴雨打着叶子时，它立即闭合叶片，叶柄下垂，以躲避狂风暴雨对它的伤害。这是它适应外界环境变化的一种方式。另外，这也是含羞草的一种自卫方式。动物稍稍一碰它，它就合拢叶子，动物也就不敢再吃它了。"

听妈妈讲到这里，我不禁赞叹道："哇，原来是这样啊，自然界的奥妙真是无穷无尽呀！现在我终于弄明白含羞草'害羞'的原因啦！"房间里飘荡着我欢快的笑声……

 技巧点拨

　　小作者亲手种植含羞草，并且通过向妈妈请教，弄明白了含羞草"害羞"的原因。习作语言简洁明快、叙述生动，让我们分享到一份童趣，感受到一颗童心。

第五章

我们写生去
——聊一聊风景

丁丁有话说

　　世上没有一样的风景，同一个地方，四季的风景也是各具特色。家中的小院，校园一隅，博物馆里的文化风采，以及祖国各处的名山大川，无一不是亮丽的风景。从小到大，你去过哪些特别美丽的地方？你的家乡附近又有什么引以为傲的景色？跟随名师指引，相信你能更好地领略这些风采，写出动人的风景类文章来。

25 校园里的一处景物
——情景结合，按顺序描写

张岩

张老师： 学校是我们学习知识的摇篮，也是我们成长的乐园。我们在校园里度过了许许多多快乐的日子，对校园的环境都很熟悉，你能说说你最喜欢校园里的哪处景物吗？

小叮当： 我最喜欢教学楼旁的小菜园。

张老师： 校园里还有小菜园，肯定能让同学们认识许多新鲜的蔬菜！你能给大家描述一下它吗？

小叮当： 当然可以啦！菜园里最热闹的时候要数春秋两季。春天，小萝卜早早就钻出了地面，圆圆的、胖胖的，颜色是漂亮的粉红色。西红柿还没有结果，茂密的绿色枝条上开了许多黄色的小花，像点缀在大草原上的小星星。土豆只开了一些小白花，这些小白花低着头，好像很害羞的样子。南瓜的花很大，黄澄澄的，像几个小喇叭，他们在吹奏菜园乐曲，好像在说："我在长大！我在长大！"

咖啡豆： 张老师，我要补充！小菜园里还有李子树和沙果树呢！秋天的沙果成熟后，红彤彤的，像一个个小灯笼似的，可讨人喜欢了。

张老师： 描述得真生动！除了校园的小菜园，还有同学想为大家介绍校园的其他景物吗？

聪明果：校园的花坛最美了！一到夏天，好多花儿都开了，粉色的如灿烂的朝霞，红色的如火红的焰火……我最喜欢那红艳艳的月季花，叶子椭圆形，又大又绿，早上的小露珠从它身上滚落，好像在玩滑梯呢！

张老师：小叮当和聪明果分别介绍了校园里的小菜园和花坛。要想把一处景物写好，首先离不开观察。通过仔细观察，我们才能清楚地向别人介绍这是个什么地方，这个地方有什么特点，有什么吸引人之处。

最主要的是要按一定的顺序写，你可以采用空间顺序，或由远及近、或从上到下、或由整体到局部来加以介绍；也可以采用时间顺序，描写某一处四季或早晚不同的景物。

此外，"一切景语皆情语"，我们在描写景物时一定要展开想象的翅膀，将写景与抒情相结合，充分表达我们对可爱校园的喜爱哦！

校园的水杉
朱浩齐

我们学校二号楼后面有四棵高大的水杉，听说，它们已经有四十多岁了。水杉的树干并不粗，一个人就能将它抱住，可它却高耸挺拔，快要超过四层楼顶了，真像帅气的绅士。

春天，水杉焕然一新。它那光秃秃的树干上抽出一个个绿绿的嫩芽，真是"遥看绿色近却无"。阵阵春风拂过，嫩芽儿渐渐长成

了翠绿的叶片,像一把把两边都带齿的梳子,一丛丛地布满树枝,看上去可舒服了。课间时望向它,还能缓解眼睛的疲劳呢!

夏天,水杉长得枝繁叶茂,成了鸟的天堂。一棵树上就有上百只麻雀,它们有的在欢快地鸣叫,有的不停地扑棱着翅膀,还有的在梳理自己的羽毛。有时"呼"的一下子从枝头飞向地面,如一片片从天而降的落叶;有时又静静地立在枝头聆听我们朗朗的读书声。

瑟瑟的秋风吹过,水杉的叶子逐渐变黄,纷纷扬扬地洒落下来,有的飘到房顶上,有的落在了我们头上,地面上更是落满了"黄蝴蝶"。这可忙坏了值日生,他们一遍又一遍地清扫着,多么仔细、多么认真啊!

寒冷的冬天来临了,水杉虽然只剩下光秃秃的树干,但它们多像四位勇敢的男子汉屹立在天井里,守护着我们的校园。下雪了,洁白的雪花从天而降,洒落在水杉的枝干上,它们又仿佛穿上了银色的盔甲,别有一番风味。

校园里的四棵水杉树啊!一年又一年,迎来了多少幼稚的孩童,又送走了多少优秀的少年。它一年年长高、长大,默默地看着我们茁壮成长,为大家带来了多少快乐啊!

技巧点拨

留心观察身边的事物是每个同学要练就的本领。小作者正是因为有了一双慧眼,才在大家可能熟视无睹的景物中有了发现和感受。文章语言优美生动,情感充沛,最难能可贵的是,在文章结尾处,小作者赋予了水杉特别的意蕴,升华了主题。

26 我的春游建议
——多角度描写，将美景呈现出来

林玉钦

林老师：同学们，班级要举行一次春游活动，去哪里好，同学们说了算。大家先把自己的建议写出来，看谁的理由最充分。

文文：这次习作肯定离不开描写景物，可它又与一般写景的习作有什么不同呢？

敏敏：很明显，这次习作的主要目的是向班里的同学提建议——去某个地方春游。所以，在文章中要有建议性的句子，而一般的写景文不必有建议性的句子。建议性语句可以出现在写景之后，也可以出现在写景之前。

林老师：敏敏概括得很好，我来具体说一说。比如，一位同学的文章中有这样的句子："那里的美景，在果园、在山上可是看不到的哦。""时间关系，就不多说了，大家还是亲自去看看吧。"这几个句子都是建议性的语句，都是出现在一段景物描写之后。而另一位同学则在文章的开头就写道："我建议到村南头的大池塘春游，理由如下……"开门见山提出自己的建议。

思思：要想让别人采纳自己的建议，就要让别人了解那个地方。那么，怎样才能有条理地将美景呈现给大家呢？

林老师：思思的问题提得很好。想要文章有条理，就要按一

定的顺序来写景。比如，按空间顺序来写，或从外到内，或从上到下，或从整体到局部来加以介绍；也可以抓住某个地方的景物特征来写，如一位同学写的《到龙潭去春游》一文就抓住了龙潭"水清，草绿，放风筝的人多"三个特点来写。当然，我们也可以采用时间顺序，按早上、中午、傍晚的顺序来写。总之，按一定的顺序来写，文章才会有条理。

敏敏：光有条理还不行，还得把景物描写得生动迷人。

林老师：对！景美才能打动人。为了将景物描写得生动细腻，我们可以多角度写景。不仅可以写眼睛看到的，还可以写耳朵听到的，如："山泉是位音乐师，一会儿演奏起'叮咚、叮咚'的乐曲，一会儿又变幻成'哗啦、哗啦'的美妙音符，把鱼儿和螃蟹都引来为它伴奏呢！"写鼻子闻到的，如："田野里的风，带来丝丝沁人心脾的气息，这气息中不但有新鲜的泥土的气息，还夹杂着青草、鲜花的味道。"写皮肤感觉到的，如："一阵风吹来，像母亲的手抚摸着你。"此外，我们还要把自己的感受写出来，因为只有先打动自己的景物，才有可能打动别人。

同学们赶快把你的建议告诉大家，让我们一起去春游！

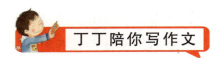

春游建议

于文俐

冬爷爷不知不觉地走了，春姑娘终于揭开她那神秘的面纱，迈着轻快的步伐向我们走来，大自然一下子变得生机勃勃。在这样一个美好的季节里，我建议同学们去沙洲公园游玩，因为那里的景色真是太美了!

沙洲公园是一个美丽的大花园。春姑娘早已为花儿们换上了新衣裳。瞧！它们红的似火，粉的如霞，白的像雪，美丽极了。蜜蜂在花丛中飞来飞去忙着采蜜，开始了它们又一年的劳作；蝴蝶也赶来凑热闹，在花丛中翩翩起舞。春姑娘还为我们叫醒了鸟儿，鸟儿们从四面八方赶来，在花丛旁的小树上唱起了欢快的歌，这边唱来、那边和，别提多动听了！

环绕沙洲公园的沈溪如明镜一般，映照着蓝蓝的天、白白的云，也映照着两岸的小树小草。岸边的柳树又长出了许多星星点点的嫩芽，柳条抽得更长了，抢着对着溪水梳理自己的长发。前天的一场春雨，使沈溪变得更欢快了，它绕着公园快乐地唱着歌。

公园里绿草如茵。小草兴奋地钻出地面，连成一大片，像给大地铺上了一层绿色的地毯，让人看了真想在上面打个滚……

我笨拙的语言，无法描绘出那里的美景，希望大家都能到那里走一走、看一看，感受美妙的春天。

技巧点拨

习作条理清晰，抓住公园三处景物进行具体描写，行文生动流畅。从视觉、听觉等多角度写景，应用比喻、拟人、排比等修辞手法把春天的公园写得美丽而又充满生机。相信于文俐同学的建议一定会被同学采纳的，因为她笔下的沙洲公园实在是太美了！

27 拍张"风景照"
——巧用修辞手法描写风景

邓清复

作文课上,当M博士宣布将带领同学们到家乡的景点去旅游的时候,课堂上像炸开了锅。同学们乐翻了天,欢欢、乐乐、笑笑更是乐不可支。

M博士示意同学们静下来,说:"不过,我得提醒大家,你们看风景的时候要拍下家乡的风景照,然后用笔写下来介绍给别人。"

"拍照?可是我们现在身上没带相机啊!"欢欢急忙说。

M博士笑着告诉大家:"拍照的'器材'我们每个人都有,比如眼睛、耳朵、鼻子……"

欢欢好奇地说:"原来眼睛、耳朵、鼻子也可以当相机用啊!"

乐乐拍拍脑门儿,说:"我知道了,老师是让我们用眼睛好好观察,用耳朵仔细倾听,把景物记在心里,就像用相机拍照,将图像存在底片上。"

笑笑也像受了启发,说:"把'拍'在心里的景物呈现在作文本上,就是一张漂亮的'作文风景照'啊!"

M博士满意地点点头,说:"大家说得对极了!不过,要呈现家乡美丽的风景,咱们要会选景点'拍'。景点选得好,'拍'出的风景就好。同学们现在就来说说自己家乡有哪些美丽的景点吧。"

欢欢第一个举手发言:"我的家乡最有名的景点是月亮湖。"

欢欢刚说完,乐乐就接话道:"现在是春暖花开的季节,家乡的田野开满了油菜花,美极了!"

这时,笑笑也举起了小手说:"我家门前有一条小溪,虽然别人认为它很普通,可在我心里,它就是一道亮丽的风景。"

见大家踊跃发言,M博士欣慰地说:"你们用'有名的''美极了''一道亮丽的风景'来形容自己的家乡,我相信这些地方一定很美。"

于是,同学们在M博士的带领下,游览了家乡的景点,仔细观察,牢记于胸,有的还做了观察笔记。大家收获满满地回到课堂上。

看同学们个个成竹在胸,M博士发话说:"看来每个同学都用眼睛、鼻子等'拍'下了家乡的风景。那么,该如何有条理地将这些优美的风景多角度、全方位地呈现出来呢?"

一向爱发言的欢欢第一个站起来说:"我认为应该按照一定的顺序,写出景物的特点来。我打算按照游览月亮湖的顺序写:前往月亮湖—观赏月亮湖—离开月亮湖,然后将各个景点串联起来,尤其观赏月亮湖那部分集中呈现东、西、南、北各方向的图景。"

"我要按总—分—总的顺序,先点明家乡的油菜花开了,再由远及近呈现油菜花开的景象,最后表达赞美之情。"乐乐若有所思地说。

"我也准备按总—分—总的顺序展现小溪的景观,只是中间部分有所不同,我要按春、夏、秋、冬来剪辑四季风光。"笑笑也有自己的想法。

听了大家的发言,M博士高兴地说:"有了好的思路,相信大家一定会将'拍'在心里的底片,清晰地呈现在作文本上。不过,

要想图像精彩亮丽，还有关键的一招呢。"

"关键的一招？"欢欢、乐乐、笑笑异口同声地喊出来。

M博士卖起了关子："有同学已经将这一招用在习作中了。"说完，他将乐乐的习作草稿放大到了大屏幕上——

春姑娘多么会打扮自己呀！瞧，绿色的麦田与金色的油菜地做起了邻居，大地就像铺了一张金黄色的地毯，非常鲜艳。远处，一片狭长的油菜田绕过山冈顺着平缓的山坡延伸下来，小山宛如围着一条金灿灿的围巾，光彩夺目，非常好看……

乐乐见自己的习作片段被当作范文，高兴得都合不拢嘴了。

欢欢叹服地点点头，说："绿色的麦田、金色的油菜地，色彩真鲜艳！"

笑笑也夸赞道："更妙的是，春姑娘很会打扮自己，给大地铺上了'地毯'，给小山戴了条'围巾'。而且比喻、拟人手法的运用让文章更生动形象。"

M博士最后总结道："美丽的图画是靠色彩和修辞手法点染的——这就是写景的妙招！同学们，请用手中的生花妙笔去描绘家乡美丽的风景吧！"

家乡的小河湾

刘紫涵

村头有一条弯弯的小河，河两岸一边是碧绿的山岭，一边是金黄的油菜地，看上去就像水彩画一样美。上学放学，我们从小河湾经过，仿佛步入画中。

清晨，河面上笼罩着乳白色的薄雾，好像披着一层洁白的轻纱。太阳出来了，雾气慢慢散去，河面的柔波像小弟弟刚刚揉开的蒙眬的睡眼，又像小姐姐露出的羞涩的脸……

中午，雾气完全散去，清凌凌的小河展现在眼前，波光粼粼的河面犹如一面闪闪发亮的镜子。瞧，"镜子"里有蓝天，有白云，还有小鱼儿在游泳呢。这时岸边金黄的油菜田和绿草碧树一横一竖，给"镜子"镶上了一副好看的镜框。

傍晚，太阳像一盏红灯笼挂在山头，洒下灿烂的余晖，河水被涂上了红玫瑰般的色彩。我目不转睛地注视着，瞧，那"玫瑰红"在收缩、变窄，随之而来的"翡翠绿"在扩大、变宽。这是怎么回事呢？原来，随着夕阳西下，山峦挡住了落日，小河一半映着余晖呈红色，一半映着树木倒影呈绿色。这不正是诗句"一道残阳铺水中，半江瑟瑟半江红"所描绘的情境吗？

多么美丽的一幅画啊！我站在小河湾欣赏着，觉得自己也置身画中了。

技巧点拨

　　小作者采用时间顺序，如慢镜头播放一般，为读者呈现出小河湾美丽的样貌，并且写出小河湾的景色随着太阳光的变化而变化，如诗如画的小河湾就如在眼前了。

28 人物来点缀
——美景更生动

段永祥

"叔叔,这次写景习作,我写的是湖泉公园。按照移步换景的顺序,我分别写了睡莲池、假山、湖水和沙滩,详略得当,读起来没什么问题,可我总觉得不生动,干巴巴的。"王骁困惑地说。

胖叔叔打断他说:"文章的好坏不在于辞藻,而在于情感的真实表达。写景的文章,要表达的情感是心情的愉悦及对景色的留恋。"

王骁递过作文本,胖叔叔认真看起来。

不一会儿,胖叔叔说:"习作写了美景,也表达了情感,还显得干巴巴的,你可以加上人物试试。"

"人物?写景的文章加上人物?"王骁怀疑自己听错了。

"对,人物。你的习作里有没有人物?"

王骁说:"又不是写人的记叙文,能加人物吗?"

"谁说写景的文章里就不能有人物了?《桂林山水》里有没有人物?《鸟的天堂》里有没有人物?"

"有,但没有具体描写,只用了两三句话来写。"

"这就对了。我们习作的重点是写景,加进人物只是起到点缀的作用,就像风景画,人物是景的一个点,如果人物画大了,就不是风景画而是肖像画了。让人物走入景中,能让文章'动'起来。

《鸟的天堂》里,大榕树是静态描写,鸟是动态描写,静景动景相辅相成,相得益彰,相映成趣。我们要做的,只是把鸟的'动'换成人物的'动'即可。"

"来看看大作家是怎么做的。朱自清《春》——"胖叔叔张口就背:

雨是最寻常的,一下就是三两天。可别恼。看,像牛毛,像花针,像细丝,密密地斜织着,人家屋顶上全笼着一层薄烟。树叶儿却绿得发亮,小草儿也青得逼你的眼。傍晚时候,上灯了,一点点黄晕的光,烘托出一片安静而和平的夜。在乡下,小路上,石桥边,有撑起伞慢慢走着的人,还有地里工作的农民,披着蓑戴着笠。他们的房屋,稀稀疏疏的,在雨里静默着。

天上的风筝渐渐多了,地上的孩子也多了。城里乡下,家家户户,老老小小,也赶趟儿似的,一个个都出来了。舒活舒活筋骨,抖擞抖擞精神,各做各的一份事儿去。

"这段文字里,有撑伞慢走的人,有在地里工作的农民,有放风筝的孩子……读着文字,眼前呈现的是活动着的各种人物,心也不由得跟随他们游历。人物,让景物有了活力,增强了文章的感染力。"

王骁点点头,说:"我知道我的文章缺什么,该怎么改了。"

五分钟后,王骁朗读起修改好的段落:"蓝汪汪的湖面上,不时掠过几只白色的飞鸟。游人一边划着小船一边哼着歌。船桨轻摇,激起一道道水纹,扩散出一圈圈涟漪。银色的人造沙滩上,有人放起了风筝。他们飞快地跑着,跑着,心跑离了地面,和风筝一起,在蓝天和白云间飘飞、嬉戏……"

美丽的小湖

黄欣桐

我家附近有一个美丽的小湖。没事的时候，我总爱到那里玩。

一天下午，外婆带着我和弟弟，拿了些鱼食，一起去小湖边玩。这是我第一次认真地观赏小湖。瞧，湖里开满了荷花，一朵朵荷花亭亭玉立，白的像雪，粉的像霞，一阵风吹过，荷花翩翩起舞，还散发出阵阵清香。碧绿的荷叶在水面上挨挨挤挤地铺成了一片，仿佛给湖面铺了一层绿色的地毯。湖水清澈见底，像一面镜子，把蓝蓝的天空和雪白的云朵都映在了湖面上。湖周围种了几棵大树，笔直的大树像一个个威武的战士，守护着这片小湖。

弟弟抓了一把鱼食扔到湖里。只几秒钟的工夫，鱼儿们争相涌了过来，很快就将鱼食哄抢一空。我又丢了一些进去，鱼儿们你争我抢，好像在说："这是我的！不许抢！"弟弟看到鱼儿抢食，开心地拍手咯咯笑，我和外婆也被这有趣的场景逗乐了。

一转眼，太阳已降至地平线，我们手里的鱼食也喂完了，该回家了。我恋恋不舍地望着这片美丽的小湖，在心底许下愿望：希望人人都能爱护它、保护它，让它永远这么美丽……

 技巧点拨

干巴巴地夸景色如何美丽，让景色显得十分单调，我们可以学习小作者这样，让自己或其他人走入景中，代替读者去感受景色，同时也让画面更加活泼。

29 你去过哪里
——写一篇游记

梁庆梅

五（1）班的"习作大家说"博客交流群开始互动啦！本次交流的习作主题是：写一篇参观记或游记。

梁老师： 同学们，被誉为"世界第八大奇迹"的秦兵马俑举世无双，古埃及金字塔以惊人的建筑技术、独特的天文学和数学价值闻名世界，欧洲古典音乐的摇篮——维也纳是每一个音乐人的梦想之都……中外的名胜古迹、独具特色的景区不胜枚举。你曾参观、游览过哪些地方？将那些给你留下深刻印象的景物写成游记介绍给大家吧！

徐冉： 我游览过很多地方，看到的景物也很多，可要将其写下来，该怎样写呢？

夏晨雨： 游记就是对一次出行、游览、参观的记录。任何名山胜地，都有它的特色。不同的山特点也不同，如华山险、黄山奇、泰山雄伟。因此，你只需选择有代表的景物或者让你感受较深的景物写下来就行了。

李民浩： 写参观记或游记，通常要把参观、游览的过程交代清楚，这就需要按一定的顺序来写，如可以按照由外到内（或由内到外）的顺序，或由远到近（或由近到远）的顺序来写，也可以按照

地点的变换顺序来写，或是按照时间的推移顺序来写，亦或按照思想情感的变化来写。比如，一个同学在习作《家乡的抗日山》中，按照地点变换的顺序这样写道："来到抗日山脚下，一眼就能看到高高矗立在山顶上一手擎旗、一手持枪的八路军战士的雕像，不禁让人心生敬意。走过山门，迎面就是烈士陵园纪念广场。陵园共有八个坡段，363级台阶，依次是小沙东海战烈士冢、符竹庭将军墓、抗日烈士纪念堂……山的最顶端是抗日山烈士纪念塔。"

苏雨桐：写参观记或游记固然要按顺序，但也不能事无巨细地记"流水账"。我们要选取自己印象最深刻、最有特色或最具代表性的景物来写，才能详略得当、重点突出，给读者留下深刻的印

象。比如，"我怀着激动的心情来到'海州湾海底世界'。透过隧道中清澈的'海水'，我看到了形态各异的海洋生物。有奇怪的七星刀鱼，有美丽的人字蝶鱼，有千年的海龟，有凶猛的大鲨鱼……再往里走，我又看到了五颜六色、形状各异的珊瑚。它们有的像密密的树枝，有的像剪碎的纸条，有的像绽开的花朵。这么美丽的珊瑚我可是头一次见。于是，我拿出相机拍了很多照片。"

徐冉：对重点景物的特点描绘是一篇游记成功的关键，只有发现景物的独特之处，才能将其写得准确、生动、具体、形象。比如，白杨树直立挺拔，代表坚强不屈；柳树轻柔，婀娜多姿，非常柔韧；松树迎寒风挺立，战霜雪苍绿，很倔强。

夏晨雨：写游记时，如果你了解这个地方的一些人文知识、风俗习惯等，可以根据习作表达需要，巧妙地穿插一些与景物有关的神话传说、历史典故、天文地理、名人逸事等。相信习作一定更吸引人。

孙梦竹：另外，我们还应该把自己的思想情感融入字里行间，情景交融，才能打动读者。

梁老师：哇，大家的想法都很不错！相信你们一定能写出精彩的游记来。

游览古堰画乡
樊紫仁

"五一"假期，我们一家从临平出发，前往丽江的古堰画乡小镇游玩。听妈妈说，古堰画乡是个风景优美、历史悠久，有着动人

传奇故事的地方,我一直想去看一看,看它是不是如传说中那么美。当天晚上,我们就到了那里,住进了莲城山庄酒店。

清晨,鸟儿叫醒了我,一出大门,映入眼帘的是风景如画的湖。这里的水真清啊,站在岸上都能看见河底五颜六色的鹅卵石;这里的水真静啊,如果没有微风吹来,湖水就没有一丝波浪;这里的水真绿啊,从远处看,就像一块巨大的翡翠。湖中心的小岛上有不知生长了多少年的大樟树,它们依旧舒枝展叶,活力四射。这里的空气也非常新鲜,妈妈说,这一切都是因为古堰画乡远离工业污染的缘故。

我深吸了几口清新的空气,远处,一栋栋古老的房子错落有致地排列在湖边。哟,那边有几个小画家正架着画板,聚精会神地画画呢!宁静的湖水、古朴的街道、专心致志画画的小画家们,构成了一幅和谐、安宁的画面,真是让人赏心悦目。

傍晚,我们乘着船,观赏了周围的小岛。突然,飞来几只白鹭,它们时而飞到水面嬉戏,时而在树枝上休息。周围的绿山围着中间的绿水,美丽极了。

啊,原来古堰画乡就是这么一幅耐人寻味的画!

技巧点拨

写游记最重要的是要突出重点景物,并将自己的思想融入其中。小作者围绕自己印象最深刻的景物——湖来详细描写,详略得当,画面和谐美好。

第六章

写作没进步?
——掌握技巧才好办

丁丁有话说

　　你可能写过不少作文,但却一直没有进步,也鲜少得到老师的赞扬,这可能跟你写作使用的技巧有关哦!本章中,老师们分别围绕标题、开头、结尾、文章结构、修辞手法等多个方面总结出许多百试百灵的小技巧,有了这些技巧助阵,一定能让你的作文在课堂上大放光彩。

30 自由习作不"自由"
——有详有略,千万别记流水账

陈宏哲

丁零零,上课铃响了!这节是作文课,只见大象老师甩着长鼻子走进了教室,他告诉同学们:"这个学期很快就过去了。除了我们在习作中已经写的那些内容外,大家心里可能还有很多想写而没有写的内容。这次习作就让我们自由地表达自己想写的内容吧。"

"耶!太好了!""耶!真棒!"大象老师的话音刚落,教室里响起一片欢呼声。听着同学们的欢呼声,小猴急得抓耳挠腮。大象老师看到了,微笑着问小猴:"你对这次习作有什么看法吗?"

"这次习作太难写了!没个具体题目,不知道写什么?我……"小猴的话还没说完,教室里已是一片哄笑。

大象老师用长鼻子轻轻敲了敲桌子,教室里立刻安静了下来。

"谁知道这次习作可以写什么,请告诉小猴同学!"

"我知道!这次习作可以写自己感兴趣的人、事、景、物……比如,我昨天吃了'狗不理'包子,那味道太香了!我就准备写《'狗不理'真香!》。"小猪边说边流口水,引得同学们哈哈大笑。

"我认为可以编寓言故事或童话故事,甚至可以写自己的奇思妙想。"乌龟慢条斯理地说,"比如,我昨晚做了一个梦,梦见我和兔子赛跑,又一次赢了它……"

"太自不量力了!"小兔子愤愤地打断了乌龟的话,"那不过是教育孩子们的寓言故事,你不要异想天开!……"

大象老师又一次用长鼻子轻轻敲了敲桌子,小兔子连忙吐了吐舌头,闭上了三瓣嘴。

"老师,我明白了,这次习作可以任意写自己想写的内容。"小猴一字一句地说,"我游过花果山,我想写花果山的美景,但就是不知道怎么写。"

"那你说说,花果山美在哪里?"小狗大声问。

"花果山的山美,水也美。那里山岭险峻,山上还有许多的桃树,春天,漫山遍野都是粉红色的桃花,蜂蝶飞舞,漫步其间,宛如在仙境一般……"

"呀！花果山真美！"小猪按捺不住激动的心情说，"我有机会一定要游花果山！"大象老师瞪了小猪一眼，小猪自知打断了小猴的话，不好意思地低下了头。

"那就照你说的那样把花果山的山美、水美具体写出来不就得了？！"小牛冲小猴做了个鬼脸。

"哦，我明白了！"小猴若有所思地说，"确定好写什么并不难，但一定要围绕一个主题来写，把习作内容写具体，能让人读明白，这才是关键！"

大象老师微笑着向小猴伸出了大拇指，同时嘱咐道："记住，写的时候千万不要写成流水账。有详有略、有声有色也是自由作文的要求哦！"

小朋友，怎样才能写好自由习作，你学会了吗？请不妨动笔试试吧！

看日出

季珂宇

今早，天刚蒙蒙亮，我就爬上阳台，遥望东方的天际，焦急地等待着日出。

不一会儿，东方泛起了一片鱼肚白，周围也渐渐地亮起来。忽然，东方的天际、山峦、树梢都像盖上了一层红色锦缎——朝霞，我知道太阳就要出来了。

慢慢地，太阳冒出了地平线，红红的，像一个蒙着面纱的含羞少女，悄悄窥视着人间。缓缓地，太阳一点一点地向上升起，终于，它露出了整个笑脸。这时，霞光万道，将半边天空染得通红，给广阔的大地也涂上了一层鲜红的油彩。

过了一会儿，太阳离开地平线了，红彤彤的，仿佛是一块明艳夺目的玛瑙盘，缓缓地向上浮动。红日周围，霞光尽染，那轻舒漫卷的云朵，好似身穿红装的少女，翩翩起舞。

后来，红光悄然退去，太阳射出万道金光。天变得更蓝了，像是深沉的大海，辽阔而明净。云儿也变得更白了，显得无比柔和纯净。远处的山峦露出了清晰的轮廓，近处的树木，秀美挺拔，亭亭玉立。街道上，人影点点，笑语阵阵，整个世界充满了生机。

这景色感染了我。我陶醉其中，仿佛已经融入了朝阳的光辉里。

技巧点拨

小作者对整个日出的过程描绘得十分有条理，读后，我们仿佛目睹了日出的情景。观察细致是本文最大的特点。你看，小作者在欣赏日出美景的时候，甚至把日出过程中的一些细微变化也捕捉到了。另外，善于运用比喻、拟人的修辞手法来描绘日出时的美景，这样不仅更生动地描绘了日出时的景象，还更能表达小作者看到日出时的欣喜之情。

31 作文开头不再难
——运用倒叙手法构思作文

储呈进

小马虎怕写作文,尤其怕写作文开头,每次总是:提起作文就摇头,看到题目皱眉头;边想边写咬笔头,想了半天没开头。

小书虫今天特地教给了小马虎一个特别的开头方法——倒叙法。

什么是倒叙法呢?我们先来看《三国演义》中一个故事的开头:

"嗖嗖,嗖嗖嗖……"箭矢雨点般落在船上,鲁肃手里拿着酒杯,脸上早已变色,诸葛亮却镇静自若:"子敬兄,不必惊慌,你我二人再饮一杯。"

"孔明先生,这里距曹军太近,我们还是……"

"离得不近,怎能借来曹丞相的箭?先生不必惊慌。"

诸葛孔明葫芦里究竟卖的什么药?事情还得从十天前说起。

这段文字讲的是诸葛亮草船借箭的故事,用的就是倒叙的手法。文章一开头,先写诸葛亮和鲁肃冒着箭雨饮酒的情景,一下子就吸引住了读者。接下来才转入顺叙,讲述了事情的来龙去脉。

倒叙开头法就是一开头先把不寻常的结果告诉读者,让读者急于想了解事情的全过程而阅读下去。常用的方法有：爆炸新闻开头法、惊险场面开头法、异常情节开头法……主要是依靠特别的情节来吸引读者的。

爆炸新闻开头法：

"你知道吗？王老师请假了，我们的语文课由隔壁班李老师来上……"刚下课，这消息就在同学们之间传开了。

王老师怎么会突然请假呢？事情还得从一周前说起。

——《我们的王老师》

惊险场面开头法：

天上没有月亮，星星也不知跑哪儿去了。风尖叫着，裹挟着树枝扑打在窗户上，发出"啪啪"的声音。我一个人待在屋里，又想起了两年前第一次独自过夜的情景。

——《第一次独自过夜》

异常情节开头法：

"啪"，爸爸一脚踹倒了桌旁的椅子，脸涨得通红，嘴唇哆嗦了好一会儿，却一句话没说出来，扭头向门外走去。妈妈刚想叫他，"砰——"爸爸使劲摔门的声音又将妈妈的话堵在了喉咙里。

我一个人蜷缩在墙角，其实，爸爸妈妈这次吵架是因我而起。

——《爸爸妈妈的那一次吵架》

运用倒叙手法构思的作文，最大的优势是能突出作者最想表现

的重要情节，凸显文章主旨，使作文的结构富于变化，情节错落起伏，从而达到吸引读者的目的。

不过，我们还需注意，只有事情的结果能吸引人、感染人，才可以倒叙；同时，要将倒叙部分后面的顺叙内容衔接好，要有一定的过渡，尽量做到衔接自然。上文片段中"事情还得从一周前说起。""我一个人待在屋里，又想起了两年前第一次独自过夜的情景。""我一个人蜷缩在墙角，其实，爸爸妈妈这次吵架是因我而起。"这样的过渡语句，便起到了衔接作用，由倒叙转入顺叙显得比较自然，倒叙的开头才会产生较好的效果。

小马虎渐渐听出了点门道，眉头也慢慢舒展开了。

记忆中那一抹绿

房佳荟

低头看着瓷碗中冒着热气的绿豆汤,耳畔又响起那令人温暖安心的声音:"拌一拌,拌一拌,舀一勺糖,再拌一拌。"我的思绪随着缓缓转动的瓷勺回到了从前。

小时候,由于父母外出打工,我变成了一名留守儿童。在我的记忆里,陪伴我成长的是奶奶。奶奶的眼睛很小,眼角布满了皱纹,但笑容使她显得特别慈祥。

记忆中,老家的夏天异常炎热。那是一个午后,我满头大汗地跑回家。"哟,丫头,又去哪儿野啦?衣服咋那么脏啊?"说着,奶奶用毛巾擦了擦我的脸。我抗拒地摇着头。"不要动哟。"奶奶笑着说,"擦完就可以喝绿豆汤了。""喝绿豆汤喽!"我猛地把鞋子踢掉,大笑着赤脚奔向厨房。

奶奶笑眯眯地跟了进来,用围裙边角擦了擦手,掀开了锅盖。白腾腾的热气迎面而来,奶奶左手捧着碗,右手拿起瓷勺搅了搅,然后小心翼翼地将绿豆汤舀到碗里。那一刻,我仿佛看见一朵绿色的花盛开在碗中……

"奶奶,我渴,快一点啊!"我大声叫着。"不急不急。"奶奶慢吞吞地往汤里放了一勺糖,一边搅着绿豆汤,一边念叨着"拌一拌,拌一拌,舀一勺糖,再拌一拌"。汤水随着瓷勺一圈圈地转动,白糖渐渐融化了,碗底的绿豆也均匀地分布在汤水中。

我慢慢地喝着,头顶上的老风扇"嘎吱嘎吱"地转着,衬得我

喝汤的声音很响很响。奶奶笑着说:"慢点喝,还多着呢!"喝完一碗,我用手抹了抹嘴,要求道:"奶奶,下次我要喝冰的!"奶奶起身,走到炉旁,边帮我盛汤边说:"不行,丫头,冰的伤胃。"扑面的热气盖住了奶奶的脸,也绕住了我的心,暖暖的。

后来,我要上学了,在外地工作的父母把我接到了他们身边。还记得走那天,奶奶一直看着我不作声,她那双浑浊的眼睛,红红的……从那之后,我便再没见过奶奶。只是偶尔的一通电话,奶奶感叹又过了一年。记忆中的那一抹绿,再没有开成绿色的花……

不知什么时候,汤凉了。白糖在碗底沉淀,怎么也散不开,抿一口,再也不是从前那个味道了。

 技巧点拨

小作者运用倒叙的手法,将奶奶为自己熬绿豆汤的回忆娓娓道来,感情真挚。习作表现了奶奶对自己的关爱和呵护,也表达了自己对奶奶的思念之情,言真意切。

32 比喻"五线谱"
——巧用比喻描摹形态

段永祥

"叔叔,语文老师说我们不灵活,学过的东西不会用。说学习修辞方法不仅是为了让我们能够判断和辨别,还要运用到习作中。老师要我们把运用修辞方法进行习作变成一种习惯。"王骁说。

胖叔叔点点头,说:"对啊,学了就要用,不然就白学了。"

"不是我们不想用,而是无从下手。您能给我指导指导吗?"

"当然可以。先从比喻开始,我给你念下这段话听听。"

"蓝蓝的天空,电杆之间连着几根细线,多么像五线谱啊!停着的燕子成了音符,谱成了一支正待演奏的春天的赞歌。"

"先来看张图。"胖叔叔从文件夹里翻出了一张五线谱图,说,"对照这张图你就能看出这个比喻句的生动和形象了。几根细线与五线谱,停在上面的燕子与音符,确实十分相似,春景图成了乐谱图,让人浮想联翩。如果去掉修辞——蓝蓝的天空,电杆之间连着几根细线,细线上停着几只燕子,句子就缺少美感,不会给读者留下深刻的印象。所以,比喻可使所描写的事物生动形象,引发读者的联想和想象。"

"嗯,看到这个比喻句我都想唱歌了。"

"王骁,如果让你用比喻句描摹一下泡茶时茶叶的形态变化,

你会怎么写?"胖叔叔问。

"这个……"王骁挠着头答不上来了。

"如果让你写各个国家版图的形状呢?"

"版图很枯燥,没什么可以写的嘛。"王骁说。

"来看两个片段。"胖叔叔翻出两本杂志,找到他用笔勾画好的段落:

1. 将开水倒入茶杯后,我看到在水的浸润和冲击下,慢慢张开的茶叶上下翻飞,左右躲闪,仿佛翩翩起舞的蝴蝶,又似含苞欲放的花朵,更像展翅欲飞的春燕,精彩绝伦,美不胜收。(《闻香知茶》)

2. 地图最宜想象。我小时候躺在床上,看到蒙古,金色的元宝。澳洲,一块敦实的土豆。越南,一只打哈欠的细腰狐狸,正面对蓝海,叩响月亮。尼泊尔,一截香肠,晾在世界屋脊。智利,海岸上晾晒的一条海带要飘起来……最糟糕的形状是英国,像一片被海风吹烂的抹布,在大西洋边飘散。(《在地图上飞行》)

"真没想到泡茶也这么有看头,地图竟这般有趣!"

"这都是比喻的功劳。怎样写好比喻句呢?我们可以用非常熟悉的事物来比喻不熟悉的事物。另外,比喻要贴切,尽量做到新颖、独特,不落俗套。"

"您出个题,我来试试。"王骁说。

胖叔叔指着一盆仙人球说:"你就用比喻写写这个吧。"

王骁想了一会儿,有条有理地描述:"它不声不响,像个文静的小姑娘在角落里静静生长。它浑身长满刺,像位士兵,披着用鱼刺精心打造的铠甲等待着军令。有时,我认为它是一只住错了房子的绿刺猬,忍不住想把它写进童话。"

"不错,用了三个比喻来写仙人球,各有侧重点,写出了仙人球的特点。写比喻句和写文章一样,要多加练习,才能做到信手拈来。"

"谨遵师命!"王骁俏皮地回应。

秋天的树叶

宋璐

秋天就像一位化妆师,把世界装扮得格外迷人。一个秋高气爽的日子,学校组织同学们去石公山看秋天的树叶。

来到石公山,我立刻被眼前的美景吸引住了。原本绿油油的树木换上了各种颜色的新装。瞧,梧桐树穿上了金黄色的外套,枫树披上了红色的风衣。一阵秋风吹过,几片树叶在我眼前打了个转儿,像小降落伞一样飘落……树下的落叶铺了厚厚的一层,像一块

美丽的地毯，踩在上面发出咯吱咯吱的声音。

"枫叶真漂亮啊，可以做书签啦！"不知哪位同学高兴地喊道。

这时，一片枫叶乘着风儿飘落在我的肩头。我小心翼翼地把它捧在手里仔细地观察：它像一把小巧玲珑的扇子，又像凤尾鱼的大尾巴；乳白色的叶脉争相从叶柄上伸展出来，好像在比谁的个子更高；大红色的叶片和叶脉紧紧地连接在一起，宛如一对永不分离的好朋友。枫叶的边缘看起来像锯齿，摸上去却软软的。薄薄的叶片摸起来滑滑的，用鼻子闻一闻，能闻到一股淡淡的清香。

看着手心里红红的枫叶，我不禁想起了"停车坐爱枫林晚，霜叶红于二月花"的诗句。看来，秋天的树叶不仅点缀了秋天，更代表了秋天的美。

 技巧点拨

小作者选取的是秋天里的典型事物——树叶，然后熟练运用比喻和拟人的修辞手法，多角度地描绘出秋叶的形状和颜色，是一篇优秀的写景作文。

33 聆听世界的声音
——运用拟声词描写声响

冯秀兰

音响世界真是太丰富、太迷人了。雷声、风声、动物的叫声、人的说话声、笑声、脚步声，物体的撞击声、摩擦声……选取生活中的几种音响，或者仔细听一段音响的录音，展开想象，把想到的、感受到的讲给同学听，然后写下来。

淘气包望着老师布置的习作犯起了愁："这次习作太难了，写什么好呢？"

听了淘气包的话，淘气豆笑了："这有什么难的呀？音响世界不就是声音的世界吗？我们身边到处充满了美妙的声音，可写的东西有很多呢！"

"那你说说该怎么写。"淘气包像遇到了救星，连忙追问道。

"可以呀！"淘气豆滔滔不绝地讲了起来，"我们先看一下词典里对'音响'这个词语的解释：声音（多就声音所产生的效果说）。因此，我们习作时可以用象声词来表达我们听到的声音，让读者有'如闻其声'的感觉。这种方法最适合写大自然中动物发出的声音了。比如，《海底世界》中的语句：'你用水中听音器一听，就能听见各种声音：有的像蜜蜂一样嗡嗡，有的像小鸟一样啾

啾，有的像小狗一样汪汪，还有的好像在打鼾。'当我们读完这段话时，仿佛真的听到了海底世界中动物们的窃窃私语。我们之所以有这种身临其境的感觉，就是'嗡嗡''啾啾''汪汪'等象声词的功劳。"

"嗯，说得真不错，我现在好像有所领悟了。"淘气包边说边在笔记本上飞快地写着，好像要把淘气豆说的话都记下来。

淘气豆看着一脸认真的淘气包，又说道："面对大自然中的音

响，我们不仅要仔细观察，还要用心聆听与感受。只有这样，我们才能体会其中的美妙，写出自己的真实感受。比如，课文《山雨》这样描写道：'雨声里，山中的每一块岩石、每一片树叶、每一丛绿草，都变成了奇妙无比的琴键。飘飘洒洒的雨丝是无数轻捷柔软的手指，弹奏出一首又一首优雅的小曲，每一个音符都带着幻想的色彩。'正是因为作者仔细观察，用心倾听山雨，字里行间才自然地流露出对山雨的喜爱之情，也让读者体会到了山雨的韵味。"

"当然，如果写人的话，我们可以让习作中的人物发出声音。因为有声有色的人物才会活泼真实，人物形象才能栩栩如生。《小英雄雨来》一文中写道：扁鼻子军官把糖往雨来手里一塞，说：'吃！你吃！你得说出来，他在什么地方？'他又伸出那个戴金戒指的手指，说：'这个，金的，也给你！'通过对扁鼻子军官的语言、动作的细致刻画，一个表面慈爱、实际凶狠的敌人形象便跃然纸上了。"

"谢谢你，我的好朋友！"淘气包高兴得跳起来，"我马上去写一篇关于音响的习作，请你给看看，也请广大读者朋友给我指点一下！"

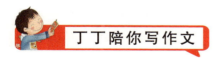

大自然的声音

林琳

大自然给予我们的不仅是美丽的画面，还有动听的声音。大自然的音响是丰富多彩的，如果你仔细倾听，会发现生活是如此美妙。

　　"叽叽喳喳——"一群小麻雀飞来了，它们唤醒了冬眠的小动物，告诉大家春天来了，快起床吧；它们还告诉农民伯伯该耕地了，春天是播种希望的季节。

　　烈日炎炎的夏天，小狗热得直吐舌头，发出"哼哧哼哧"的声音。"知了，知了！"咦，是谁在叫？噢，原来是知了妈妈在教孩子学唱歌。

　　小知了虽然天生有一副金嗓子，却不听妈妈的讲解，骄傲地大叫："知了，知了。"这个夏天，就在它的吵吵嚷嚷中慢慢过去了。

　　秋姑娘踏着凉爽的清风来了。她和大树公公吵了一架，大树公公伤心地哭了，那一片片在风中飞舞的黄叶就是它的眼泪啊。瞧，小动物开始储备过冬的食物了，农民伯伯在田野里忙碌着。"唰唰唰"，镰刀在稻谷地里挥舞，农民伯伯脸上露出了收获的喜悦。

　　不知什么时候，雪花飘啊飘，犹如洁白的天使降落人间。地上积起了一层厚厚的雪，行人走在上面，发出"嘎吱嘎吱"的响声，我想那一定是降落到人间的天使在哭泣。森林里静悄悄的，小动物们都去睡觉了。

　　"嘘！"让我们用心去倾听花开、鸟鸣、风起、雪落的声音吧！

技巧点拨

　　适当的拟声词运用能够让读者如闻其声，如临其境。小作者的文章如果去掉拟声词，景物的描写一样俱全，也算到位，可是就会少了些生活气息，拟声词让这篇文章更加鲜活真实。

"想象号"列车开动
——想象内容要具体

何婉秀

Q博士： 告诉大家一个好消息，太空小学的校长邀请大家到太空旅游，不过他要求同学们在出发之前写一篇想象作文。

奇奇： 什么叫想象作文？我们可以写什么呢？

Q博士： 想象作文是对想象中的场景或事物的描述，超越时间、空间或生活常规限制的种种奇思异想的记录。因为有了想象，在你的笔下，一切都是可能的。比如，一群蚂蚁可以进攻一头猛兽，一棵大树可以翩翩起舞，一名少年可以振臂飞翔，行驶在陆地上的汽车可以变成游艇在海上漂，你还可以提前进入未来的世界……在想象的天地里，大家可以做想做的一切。

妙妙： 我知道了，写的时候只要展开天马行空的想象，想到哪儿写到哪儿就可以了。

Q博士： 你这叫胡思乱想。展开想象要合情合理，要以现实为依据。因为任何想象都是人们在现实的基础上，利用已有的知识加工创造出来的。比如，一个同学根据向日葵向着太阳、叶子进行光合作用的原理设计了"未来的汽车"。这种汽车可以不使用汽油，只需要在车顶装上一个卫星太阳能接收器，便可以获得动力行驶，既节能又环保。

妙妙：听了您的讲解，我似乎明白了。我也想发明一辆未来的汽车，它不仅可以在陆地上行驶，还能像飞机一样在天上飞，像潜水艇一样在海里自由航行。够有趣吧！

Q博士：你的想象可真大胆，真有趣！不过，在习作的时候要写得具体一点哦。

奇奇：老师，怎样才能做到内容具体呢？

Q博士：内容要具体，就是要进行细致的描绘，如你所描写对象的样子、各部分的功能等，不能一笔带过。比如，写未来的衣服，就可以从衣服的款式、质地、颜色、制作工艺、特殊功能等多个方面一一介绍清楚。

奇奇：老师，我想写一篇寻找恐龙蛋的习作。

妙妙：你想穿越时光呀，想象真奇特！

奇奇：是的，请看我的习作片段：

一天，我坐上自己发明的时光穿梭机来到侏罗纪时代。那儿鲜花盛开，空气清新，还非常安静，不仅没有现代城市里此起彼伏的汽车喇叭声，还随处可见自由活动的各种动物。瞧，我在湖泊边的草丛里发现了一枚硕大的恐龙蛋。它有一个足球那么大，全身布满了彩色的条纹，美丽极了。于是，我兴奋地把恐龙蛋带回了现代的实验室中，经扫描仪照射，原来是鸭嘴龙下的蛋。几个星期后，在实验室的暖箱中孵化出了一只小恐龙……

妙妙：哇，这就是一个科幻故事啊！

Q博士：奇奇的想象真丰富！同学们在写科幻类的想象作文时，要避免平铺直叙，情节曲折才能吸引人。另外，大家作文时还要注意围绕一个中心展开想象，或对读者起启示、教育作用，或向读者展示一种前景、一种知识、一种愿望及一种理想，让读者能够体验、感受，引起他们的共鸣。

在习作完成后，同学们一定要仔细检查，看内容是否具体，语句是否通顺。最后，祝愿大家梦想成真，一起乘坐"梦想号"列车到太空游玩。

丁丁陪你写作文

我在昆虫王国上学

郝梦

"丁零零——"我被闹钟叫醒了，睁开眼睛后却大吃一惊——我变成了一只白蝴蝶。

"这是怎么回事？"我很疑惑，急忙飞到客厅，发现爸爸妈妈也变成了蝴蝶。

学校里，人人都变成了昆虫。瞧，我的同桌竟然变成了一只小蜜蜂，她仍改不掉爱吃零食的坏习惯，桌斗里还放着几片花瓣。第一节是语文课，老师变成了一只天牛，就连教科书也变成了嫩绿的树叶。天牛老师并不像以前那样大声讲课，而是吩咐我们吃树叶，让我们细嚼慢咽第二单元。说来也怪，树叶并不像我想象得那么难吃，虽然有点涩，但有一股清香味儿。把嚼碎的叶子咽到肚子里以

后，书上的知识就浮现在我的脑海里了，特别神奇。叶子里的营养素增长知识的啊！

第二节是英语课。美丽的英语老师变成了一只大花蝴蝶。她扑扇着一对紫色的翅膀，柔声说："今天我们进行口语考试。"她话音刚落，我的心就提到了嗓子眼儿，平时我最怕上的就是口语课。

"郝梦！"老师点了我的名字，还递给我一小瓶金黄的蜂蜜。喝完后，我竟轻松地说了一口非常流利的英语。

终于到了大课间，校园里就像昆虫总动员一般热闹。这边美丽的蜻蜓和可爱的七星瓢虫在比赛舞蹈，那边螳螂做裁判，小蚂蚁和小蜘蛛在比赛掰手腕……

神奇的一天就这样结束了，没想到小小的昆虫也可以上学，还有那么多的玩伴，真是有趣极了！

技巧点拨

同样是变成昆虫，《昆虫记》的主人公就不如小作者幸运了。小作者进入的昆虫王国里，学习是那样轻松简单，像吃东西一样，这样的想象世界真让人向往啊！想象不分对错，只要合情合理，都是可以的。同学们不要顾虑，像小作者一样大胆地想象吧！